왜 분노하는가

왜 분노하는가

지은이 | 조정민
초판 발행 | 2018. 9. 18.
14쇄 | 2024. 6. 7.
등록번호 | 제1988-000080호
등록된 곳 | 서울특별시 용산구 서빙고로65길 38
발행처 | 사단법인 두란노서원
영업부 | 2078-3352 · ᶠᴬˣ 080-749-3705
출판부 | 2078-3331

책 값은 뒤표지에 있습니다.
ISBN 978-89-531-3252-8 03230

편집부에서 독자의 의견을 기다립니다.
tpress@duranno.com   http://www.duranno.com

두란노서원은 바울 사도가 3차 전도여행 때 에베소에서 성령 받은 제자들을 따로 세워 하나님의 말씀으로 양육하던 장소
입니다. 사도행전 19장 8-20절의 정신에 따라 첫째 목회자를 돕는 사역과 평신도를 훈련시키는 사역, 둘째 세계선교(TIM)
와 문서선교(단행본·잡지) 사역, 셋째 예수문화 및 경배와 찬양 사역, 그리고 가정·상담 사역 등을 감당하고 있습니다.
1980년 12월 22일에 창립된 두란노서원은 주님 오실 때까지 이 사역들을 계속할 것입니다.

왜 분노하는가?

분노 사회에서
나를
지키는 길

조정민
지음

두란노

목차

주님의 분노에 빚진 자

일생을 분노 속에 살았습니다. 늘 나는 옳고 세상은 틀렸다고 믿었습니다. 툭하면 사람들에게 분노했고, 지식이 쌓이면서 세상의 제도와 체제에 분노했습니다. 언론인 시절에는 분노가 열정이 되었고 열심이 되었습니다. 그 분노의 열정과 열심으로 달려온 발자취는 제 자신을 드러내는 것이 고작이었고, 세상은 손톱만큼도 달라지지 않았습니다. 사실 더 나빠졌습니다. 나이 쉰에 가까워 만난 예수님은 제 일생의 분노가 어디서 비롯된 것인지를 가르쳐 주셨습니다. 저의 분노는 알고 보니 첫 단추를 잘 못 채워놓고 옷매무새가 맞지 않는다는 이유로 종일 징징거린 것에 지나지 않았습니다.

성경은 인간의 분노에 응대하시는 하나님의 얼굴을 비쳐 줍니다. 놀라운 것은 분노하고 있는 인간보다 더 분노하시는 하나님입니다. 하나님은 그야말로 날마다 분노하십니다. 그런데 그 분노는 사랑의 뒷모습이어서 다시 등을 돌리기만 하면 눈가에 눈물이 촉촉한 사랑의 얼굴로 변합니다. 하나님의 분노는 날마다 가출한 아들이 돌아오기만을 기다리는 아버지의 초췌한 얼굴이고, 아들을 꼬드겨 어디론가 줄행랑을 친 아들 친구를 바라보는 일그러진 얼굴입니다. 아들은 아버지의 얼굴을 마주 대하는 것이 부담스러워 고개를 들지도 못한 채 스스로 더 깊은 분노의 늪으로 빠져듭니다.

왜 분노할까요? 분노의 뿌리를 더듬어 가면 가인을 만나고 아담을 만날 수 있습니다. 그들의 후손은 분노가 어떻게 줄기를 뻗고 열매를 맺는지 가감 없이 보여줍니다. 그 분노의 거대한 흐름 속에서 하나님은 단 한 순간도 섭리의 손길을 멈추지 않으신 채 하나님의 선하심을 이루어 오셨음을 발견할 수 있습니다. 그 분노는 끝내 십자가에서 활화산의 용암처럼 분출합니다.

"다 이루었다."

마지막으로 고개를 떨구기 전 예수님의 얼굴에는 희미한 웃음이 번집니다. 하나님의 분노는 끝내 인간의 분노를 잠잠케 합니다.

그분 앞에 나아가 두 손을 들기 전까지, 무릎을 꿇을 때까지 인간의 분노로는 아무 문제도 해결할 수 없습니다. 얼마나 많은 사람들이 그분을 떠나서 분노하고 있는지 모릅니다. 얼마나 많은 이념과 사상과 철학이 그분을 외면하고 분노를 정당화하는지 모릅니다. 그러나 그 모든 분노는 상대를 찌르기 전에 나를 찌르고 상대를 태우기 전에 나를 태웁니다. 나의 분노는 그분의 분노 안에서만 사그라듭니다. "왜 분노하는가?"라는 질문이 그렇게 그분 안에서 잦아들기를, 긴 슬픔과 침묵 끝에 분노가 긍휼이 되기를 간곡히 바랍니다.

두란노 가족에게 항상 감사합니다. 주 안에서 형제가 되고 자매가 되었다는 사실만으로 수고를 아끼지 않음에 감사합니다. 어찌하여 우리는 아버지의 마음에 합하지 않을까? 왜 분노하는가? 이 질문에 대한 우리의 고통이 변하여 사랑의 열매가 되기를 기도합니다.

주님의 분노에 빚진 데 고개 숙이며
조정민

1

하나님과의 관계가
어긋나면
분할 일만 있다

가인의 분노

온통
분노사회다

2017년 라스베이거스에서 미국 역사상 최악의 총기 난사 사건이 일어났습니다. 뮤직페스티벌에 참가한 불특정 다수를 향해 무차별로 총기를 난사해서 59명이 사망하고 530명 이상이 부상을 당하는 사건이었습니다. 거액 자산가로 알려진 스티븐 패덕이 이 끔찍한 사건의 범인입니다. 그런데 우리는 그가 왜 이런 만행을 저질렀는지 그 이유를 정확히 모릅니다. 범행 후 그 자리에서 스스로 목숨을 끊어 영원히 입을 다물고 말았기 때문입니다. 다만 우리는 최근에 자주 발생하는 '묻지마 살인'과 같은 동기가 아닐까 추측할 뿐입니다. 그 동기는 바로 분노입니다.

현대인의 대부분이 분노라는 병에 사로잡혔습니다. 스티븐 패덕이나 묻지마 살인을 저지르는 사람들을 보면 그들을 붙잡고 있는 분노가 얼마나 심각한 병인지 알 수 있습니다.

그렇다면 우리는 왜 이 질병을 앓게 됐습니까? 다들 왜 이렇게 화가 나 있습니까? 무슨 일에 그렇게 화가 나 있습니까? 그리고 만약 우리 사회가 이 화를 다스리지 않으면 어떤 결과를 가져올까요? 지금 당장 이 화는 어떻게 다뤄야 할까요?

이제 분노가 어떻게 시작되었는지, 분노가 어떤 결과를 가져오고 있는지, 각 개인과 집단은 이 분노를 어떻게 다뤄야 하는

지, 무엇보다 먼저 성경의 인물들을 통해 살펴보려고 합니다.

분노는
하나님과 어긋난 관계에 있을 때 일어난다

인간의 역사 속에서 분노가 처음 등장하는 시점은 놀랍게도 창세기가 시작되고 얼마 되지 않아서입니다. 가인과 아벨은 아담과 하와가 죄를 지어 에덴동산에서 쫓겨난 뒤 낳은 아들들입니다. 그런데 가인과 아벨의 존재 방식은 아담과 하와가 이 세상에 존재하게 된 방식과 다릅니다. 아담은 하나님이 직접 흙을 빚어 만드셨고 하와는 아담의 갈비뼈로 만드셨습니다. 다시 말해 아담과 하와는 하나님이 직접 만드셨습니다. 하지만 가인과 아벨은 아담과 하와를 통해 이 세상에 존재하게 되었습니다.

이들의 이름을 풀이하면 그들의 존재 방식을 이해할 수 있습니다. 아담은 '흙'이라는 뜻입니다. 인간 존재의 근원이 흙에 있음을 우리는 아담을 통해 알 수 있습니다. 한 줌 흙에 불과한 아담을 하나님이 호흡, 숨결을 불어넣으셔서 그를 사람 되게 하셨습니다. 그냥 사람이 아니라 하나님의 형상을 지닌 사람이 되게 하셨습니다. 하와는 '생명'이라는 뜻입니다. 아담의 갈비뼈를 취해서 또 다른 생명이 이 땅에 존재하게 된 것입니다.

가인은 '얻었다'는 뜻입니다. 하와는 가인을 출산할 때 엄청난 고통을 겪어야 했습니다. 죄를 범한 하와에게 하나님이 주신 형벌 중 하나가 바로 출산의 고통이었습니다. 동물들은 새끼를 낳으면서 인간만큼 고통스러워하지 않습니다. 유독 인간만 출산의 고통이 심합니다. 하와는 첫아이 가인을 낳으면서 출산의 고통이 클 것이라고 하신 하나님의 말씀을 떠올렸을 것입니다. 극심한 고통 가운데 있으면서 하와는 이 아이가 하나님이 주신 아들임을 깨달았을 것입니다. 그러므로 하와에게 출산은 하나님을 기억하는 시간입니다. 그래서 가인의 이름에는 '하나님이 주신 아들'이라는 하와의 고백이 담겨 있습니다.

하와가 가인을 낳은 이 사건에서 우리가 주목할 점은 생명이 하나님의 것이라는 사실입니다. 하나님께 생명을 얻었다는 하와의 이 고백을 놓치면 자녀의 생명이 어디서 비롯된 것인지를 놓치게 됩니다. 자녀는 부모를 통해서 존재하게 되지만 부모의 뜻대로 존재하거나 부모를 위해서 존재하지 않습니다. 오늘날 한국에서만 매년 백만 명 이상의 태아가 죽임을 당하고 있습니다. 생명이 하나님이 아니라 나에게서 비롯되었다고 생각하기 때문에 이런 일이 일어나는 것입니다.

하와는 이 고백을 통해 마침내 어른이 되었을 것입니다. 나라는 존재가 하나님으로부터 시작되었고 그분의 것임을 깨달을 때 비로소 어른으로 성숙해집니다.

하나님과의 관계가 어긋나면 분할 일만 있다 |

가인과 아벨도 하나님을 기억하는 시간을 가졌습니다. 무엇입니까? 바로 제사입니다. 제사는 내가 지금 누리고 있는 것들이 하나님으로부터 비롯되었으며, 내 인생의 주인이 하나님임을 고백하는 것입니다. 오늘날로 하면 예배와 같습니다. 예배는 나를 위한 의식이 아니며, 내 필요를 채우는 수단이 아닙니다. 예배는 내 존재를 확인하는 통로이며, 하나님의 하나님되심을 확인하는 유일한 태도입니다.

> 3 세월이 지난 후에 가인은 땅의 소산으로 제물을 삼아 여호와께 드렸고 4 아벨은 자기도 양의 첫 새끼와 그 기름으로 드렸더니 여호와께서 아벨과 그의 제물은 받으셨으나 창 4:3-4

세월이 지난 후에 가인은 땅의 소산으로 제물을 삼아서 하나님께 드렸고, 아벨은 양의 첫 새끼와 기름을 하나님께 드렸습니다.

그런데 하나님은 가인과 가인의 제물은 받지 않으시고 아벨과 아벨의 제물만 받으셨습니다. 여기서 주목할 것이 있습니다. 바로 '가인과 그의 제물', '아벨과 그의 제물'이라고 표현한 대목입니다. 사람과 제물을 분리하지 않고 하나로 취급하고 있습니다. 하나님이 양의 새끼는 받고 땅의 소산은 받지 않았다고 해석할 수 없는 이유가 여기에 있습니다.

예수님이 큰돈을 헌금한 부자가 아니라 두 렙돈을 헌금한 과부를 칭찬한 것도 이와 같은 맥락입니다. 액수나 제물의 종류가 아니라 헌금을 드리는 사람을 칭찬한 것입니다. 과부가 칭찬받은 이유는 그의 전부를 드렸기 때문입니다. 내가 가진 모든 것이 하나님의 것임을 고백한 제물이기 때문에 칭찬 받은 것입니다. 하나님은 우리가 드리는 예배가 이 과부가 드린 두 렙돈과 같아야 한다고 말씀하십니다.

그렇다면 하나님이 가인의 제사는 받지 않고 아벨의 제사만 받으신 이유가 명백해집니다. 히브리서가 그 이유를 설명하고 있습니다.

> 믿음으로 아벨은 가인보다 더 나은 제사를 하나님께 드림으로 의로운 자라 하시는 증거를 얻었으니 하나님이 그 예물에 대하여 증언하심이라 그가 죽었으나 그 믿음으로써 지금도 말하느니라 히 11:4

성경은 "아벨이 믿음으로 제물을 드렸기 때문에 하나님이 그의 제사를 받으셨다"라고 말합니다. 믿음이란 하나님을 하나님으로 인정하는 태도입니다. 아벨이 하나님과 바른 관계에 있었음을 알 수 있습니다. 반면에 가인의 내면은 혼돈스럽고 무질서했을 것입니다. 하나님을 하나님으로 인정하지 못하며 갈등하는 가인을 봅니다. 그의 제물은 형식이자 겉치레입니다. 하나님이 그의 제사를 받지 않으신 까닭을 알 수 있습니다.

우리가 하나님을 하나님으로 인정하지 않는다면 하나님은 우리가 드리는 예배도 거절하실 것입니다. 제가 설교하는 것도 다르지 않습니다. 사람이 적으니까 가볍게 설교하고 많은 사람이 모였으니까 열심을 다한다면 그것은 예배자의 태도에서 벗어날 뿐 아니라 설교자의 태도에서도 빗나간 것입니다. 한 명이든 수만 명이든 동일한 태도로 설교단에 서야 하는 까닭은 그 자리가 하나님 앞에 서는 자리이기 때문입니다. 참된 예배자의 태도는 시간과 장소에 따라 달라지지 않습니다. 예배자는 변함 없이 신령과 진정으로 예배를 드리는 사람입니다.

분노에서
벗어나려면

하나님이 가인의 제사를 거절하셨을 때 가인이 보인 반응은 분노였습니다. 우리는 여기서 분노의 근원이 하나님의 거절임을 알 수 있습니다. 인간이 처음으로 분노한 이유가 하나님께 거절당했기 때문입니다. 그러나 그보다 더 근본적인 이유는 하나님과 바른 관계에 있지 않았기 때문입니다.

성경은 가인이 분노해서 안색이 변하며 낯을 떨궜다고 말하고 있습니다. 하나님을 바라보지 않았다는 것입니다. 부부지간에도 싸우면 서로 얼굴을 보지 않습니다. 시선을 마주하면서 대화하려고 하지 않습니다. 가인이 낯을 들지 못했다는 것은, 하나님을 애써 외면하면서 하나님께 듣지도 말하지도 않으려 했다는 뜻입니다. 분노의 표현입니다.

그러자 하나님은 가인이 다시 고개를 들고 하나님을 바라볼 방안을 말씀해 주십니다.

> 네가 선을 행하면 어찌 낯을 들지 못하겠느냐 선을 행하지 아니하면 죄가 문에 엎드려 있느니라 죄가 너를 원하나 너는 죄를 다스릴지니라 창 4:7

선을 행한다는 게 무슨 뜻일까요? 착한 일을 하는 걸까요? 선을 행한다는 것은 선이신 하나님을 향해 얼굴을 들고 몸을 돌리는 것입니다. 즉 내 모든 관심을 하나님께 집중하는 것입니다. 그렇지 않으면 죄가 문 앞에 엎드려 있다고 하십니다. 들어갈 때도 나올 때도 죄가 나를 노려보고 있다고 하십니다.

죄가 나를 왜 노려봅니까? 내가 가진 재산을 노리는 것일까요? 아닙니다. 나 자신을, 내 생명, 내 영혼을 원하는 것입니다. 죄는 분노라는 통로를 통해 들어와서 나를 거머쥐려고 호시탐 탐 노리고 있습니다.

분노를 왜 처리해야 합니까? 분노를 처리하지 않으면 죄가 그 문으로 들어와 나를 압도하고 장악하기 때문입니다. 분노를 처리하지 않았을 때 그 결과가 어떻습니까? 가인은 살인을 저질 렀습니다. 그것도 자신의 아우를 살해했습니다. 하나님이 친히 분노의 원인과 처리 방법을 알려 주시며 그렇지 않으면 죄가 너 를 손아귀에 넣게 될 것이라고 경고하셨지만 가인은 그 말씀조 차 무시했습니다. 그가 끝까지 하나님을 하나님으로 인정하지 않겠다는 고집을 보여 주는 대목입니다.

분노를 통해 문 앞에 엎드려 있는 죄가 가져온 결과는 살인 이었습니다. 참 슬픕니다. 창세기가 시작된 지 얼마 지나지 않아 살인 사건이 벌어진 것입니다. 그 결과가 이토록 무섭기 때문에 하나님은 일찌감치 이 분노 문제를 다루십니다.

지금도 세계 도처에서 집단학살이 용인되는 전쟁이 일어나 고 있고, 갖가지 테러가 전 세계 사람들을 공포에 몰아넣고 있습 니다. 가인에게서 시작된 살인은 이후 더 끔찍하고 심각한 형태 로 발전해 왔습니다. 하나님은 그 근원이 분노에 있다고 말씀하 십니다. 분노는 그 순간에 다스리지 않으면 빠르게 증식되어 죄를 불러들이고, 그 죄는 결국 내 목을 조르고 맙니다. 분노는 죄를 통해 나를 파멸로 이끌어갑니다.

먼저 분노를
처리하라

예수님은 공생애 후 첫 번째 설교에서 이 분노가 심각한 죄가 됨을 지적하셨습니다.

> 21 옛 사람에게 말한 바 살인하지 말라 누구든지 살인하면 심판을 받게 되리라 하였다는 것을 너희가 들었으나 22 나는 너희에게 이르노니 형제에게 노하는 자마다 심판을 받게 되고 형제를 대하여 라가라 하는 자는 공회에 잡혀가게 되고 미련한 놈이라 하는 자는 지옥 불에 들어가게 되리라 23 그러므로 예물을 제단에 드리려다가 거기서 네 형제에게 원망들을 만한 일이 있는 것이 생각나거든 24 예물을 제단 앞에 두고 먼저 가서 형제와 화목하고 그 후에 와서 예물을 드리라 마5:21-24

예수님은 분노하는 것 자체가 심판 받을 만한 죄라고 말씀하십니다. 살인보다 더 큰 문제가 분노에 있음을 지적하신 것입니다. 그래서 미련한 놈, 멍청한 놈, 바보 같은 놈 같은 욕을 하지 말라고 하십니다. 원망 들을 만한 일을 했다면 속히 화해하라고 하십니다. 욕하고 원망을 살 만한 행동을 해서 상대를 분노하게 하는 것은 살인의 동기를 심는 행위입니다. 이런 행동은 그 자체로 살인죄에 해당합니다. 그래서 누군가를 분노하게 했다면 먼저 가서 화해하고 예배드리라고 말씀하신 것입니다. 손에 피를 묻힌 채 예배하지 말라고 말씀하신 것입니다.

그리스도인이 예배드리는 것보다 먼저 해야 할 일은 분노를 처리하는 것입니다. 남의 집 앞에 아무렇게나 주차하고 와서 예배드리면 하나님이 그 예배를 받지 않으십니다. 식당에서 종업원들을 닦달하고 와서 예배드리면 하나님이 그 예배를 받지 않으십니다. 직장에서 아랫사람들에게 함부로 말하고 무시하는 말을 하고 와서 예배드리면 하나님이 그 예배를 받지 않으십니다. 누군가에게 살인의 동기를 심고 와서 거룩한 척 예배드리는 것을 하나님은 참지 않으십니다. 그러므로 먼저 분노를 처리해야 예배가 예배다워지고 교회가 교회다워집니다. 그리스도인은 말 한마디도 조심해야 합니다.

가인의 분노는 하나님을 하나님으로 인정하지 않는 데서 비롯되었습니다. 인간이 하나님을 인정하지 않으면서 죄를 다스릴 수는 없습니다. 하나님 없이는 출구가 없습니다. 죄를 법이 해결할 수 있습니까? 법은 죄를 응징할 뿐 근본적인 해결 방법이 아닙니다. 살인한 사람을 살인죄로 처형한다고 해서 죄가 해결되겠습니까?

무엇 때문에 분노하고 있습니까? 왜 분노를 처리하지 않은 채 예배만 드리고 있습니까? 어떻게 남에게 살인의 동기를 심어 놓고 교회에 와서 봉사하는 것이 가능합니까? 지금 당장 분노를 처리하십시오.

분노는 어떻게 처리할 수 있습니까? 먼저 하나님을 하나님으로 인정하는 태도에서 시작합니다. 가인은 하나님과 바른 관계를 갖지 못해서 분노했습니다. 분노의 근본 원인은 하나님과 관계가 어긋난 것입니다. 선이신 하나님을 인정하는 것이 곧 선을 행하는 길입니다. 이 선이 선행돼야 이웃과 화평하게 지낼 수 있습니다.

그리스도인은 어떤 사람입니까? 분노를 조절할 줄 아는 사람입니다. 분노를 화해로 바꿀 줄 아는 사람입니다. 분노가 죄로 치닫지 않도록 하는 사람입니다.

애 타는 가슴 하나 달랠 수 있다면
내 삶은 결코 헛되지 않으리

한 생명의 아픔 덜어 줄 수 있거나

괴로움 하나 달래 줄 수 있다면

헐떡이는 작은 새 한 마리 도와
둥지에 다시 넣어 줄 수 있다면,

내 삶은 결코 헛되지 않으리

　위의 글은 여류 시인 에밀리 디킨슨(Emily Dickinson)의 시입니다. 그리스도인의 고백도 이와 같아야 합니다. 한 영혼의 분노를 잠재울 수 있다면 그리스도인의 삶은 의미가 있습니다.

　1930년대 대공황기의 시대상을 그린 《분노의 포도》에서 존 스타인벡(John E. Steinbeck)은 "우리 영혼이 조각나 있으면 의미가 없으나 하나가 되면 의미가 있다"고 했습니다. 그런데 저는 이렇게 말하고 싶습니다. 하나님 안에서 우리 모두가 하나 될 때 우리는 분노에서 자유로워져서 의미 있는 삶을 살 수 있다고 말입니다. 우리는 하나님을 나 하나 잘되고 잘살자고 믿는 것이 아닙니다. 분노지수가 폭발적으로 커지고 있는 이 사회에서 그 분노의 열기를 식히는 조절자로서, 화해자로서 살기 위해 하나님을 믿어야 합니다. 그러기 위해선 먼저 내 안에 있는 분노를 처리해야 합니다. 하나님을 하나님으로 인정해야 합니다.

2

사랑이
없으면
가족도 원수다

사라의 분노

마음속에 쌓인 분노는
관계를 어렵게 한다

사라(사래)는 믿음의 조상 아브라함의 아내입니다. 아브라함 (아브람)은 갈대아 우르에서 살다가 아버지 데라와 함께 떠나와 하란에 머물다 하나님의 부르심을 받아 가나안 땅으로 이주했습니다. 힘들게 가나안 땅에 도착했으나 그 땅에 기근이 들어 아브라함과 사라는 애굽 땅으로 먹을거리를 찾아갑니다.

이때 아브라함이 남편으로서 하지 말아야 할 행동을 합니다. 애굽 사람이 사라의 미모에 끌려서 남편인 자신을 죽일지도 모른다고 생각해 사람들에게 사라를 누이로 속인 것입니다. 아니나 다를까, 하마터면 애굽왕 바로에게 사라를 빼앗길 뻔했으나 하나님의 개입으로 무사할 수 있었습니다. 게다가 상당한 재산을 가지고 애굽 땅을 나오게 됩니다.

우여곡절 끝에 가나안으로 돌아와서 10년이 지났지만 여전히 사라에게 아기가 생기지 않았습니다. 그 당시 아기를 낳지 못한다는 것은 여자로서 가장 치명적인 결함이었습니다. 사라는 궁리 끝에 몸종인 하갈을 통해 아기를 얻고자 합니다. 사라가 오랜 고심 끝에 아브라함에게 이 생각을 털어놓자, 아브라함은 망설임 없이 이 제안을 받아들입니다.

아브라함과 사라는 이미 하늘의 별보다 바다의 모래보다

더 많은 자손을 주겠다는 하나님의 약속을 받았습니다. 그런데도 이 부부가 하나님의 약속을 붙들지 않고 인간적인 궁리로 아기를 얻고자 했습니다. 아브라함은 하나님의 약속을 신뢰하고 상기하며 기다려 보자고 사라를 설득해야 했음에도 사라의 제안을 마치 기다렸다는 듯이 받아들입니다. 어쩌면 속으론 쾌재를 불렀을지도 모르는 일입니다.

그렇게 해서 사라의 몸종 하갈이 아기를 갖게 되었습니다. 그런데 하갈이 임신하자마자 돌변해서 사라를 제쳐두고 자신이 안주인 행세를 하려고 했습니다. 누구나 그렇습니다. 하갈이 특별히 나쁜 사람이라서 그런 것이 아닙니다. 이전에 넘보지 못했던 자리라도 일단 꿰차고 나면 자기 자리인 듯 행세하려고 드는 것이 사람의 본성입니다.

문제는 사라입니다. 몸종인 하갈이 자신의 주인 행세를 하려 드니 얼마나 아니꼽고 어처구니없었겠습니까? 사라는 분노를 남편인 아브라함에게 쏟아 붓습니다.

사래가 아브람에게 이르되 내가 받는 모욕은 당신이 받아야 옳도다 내가 나의 여종을 당신의 품에 두었거늘 그가 자기의 임신함을 알고 나를 멸시하니 당신과 나 사이에 여호와께서 판단하시기를 원하노라 창 16:5

사라는 아이를 낳을 수 없다는 사실 때문에 상실감과 자격지심이 강했습니다. 하갈의 임신은 사라 자신의 불임을 확증하는 사건입니다. 사라의 마음 속 깊은 곳에서 솟아나는 질투와 분노, 허탈함은 도저히 하갈의 임신을 축복하기 힘든 상황으로 몰아갑니다. 사라는 끝내 자신의 자격지심을 하갈에 대한 분노로 표출합니다. 어떻게든 대를 잇고자 하는 남편의 갈망을 풀어주고자 자기 몸종을 남편에게 주었는데 도리어 멸시와 모욕을 받습니다. 분노는 날마다 눈덩이처럼 불어납니다.

사라는 남편 아브라함에게 이 모든 상황을 여호와께서 판단하기를 원한다고 항변한 뒤 하갈을 대놓고 학대하기 시작합니다. 그 학대가 얼마나 심했는지 하갈이 못 견디고 도망을 갔습니다. 이때 아브라함의 마음은 어땠을까요? 하갈이 임신한 채로 집을 나갔으니 마음이 좋을 리 없습니다. 안타깝고 섭섭하고 한편으로 괘씸하기도 했을 것입니다. 이로 인해 부부지간에 갈등 상황이 벌어졌을지도 모릅니다.

성경은 사라가 얼마나 화가 났는지, 왜 그렇게 화가 났는지 구체적으로 언급하지 않습니다. 그러나 우리는 사라의 마음을 미루어 짐작할 수 있습니다. 편안하게 자리 잡고 살던 하란을 떠나 낯선 땅 가나안까지 오는 길이 얼마나 험난했습니까. 가뭄이 들어 찾아간 애굽 땅에서 바로에게 농락당할 뻔한 위기도 겪었

사랑이 없으면 가족도 원수다 |

습니다. 위기에 처한 아내를 구해 주기는커녕 그 대가로 큰 재산을 만들어 나온 남편이 미덥지 않다는 생각도 수시로 들고 서운한 마음이 와락 일어나기도 합니다. 그런 남편이지만 대를 잇기 위해 몸종 하갈까지 바쳤습니다. 그런데 돌아온 결과는 멸시와 모욕이었습니다. 아브라함을 인간적으로 보면 무능하고 비겁하며 염치없는 남편이 아닐 수 없습니다.

아브라함은 이후 한 번 더 사라를 아내가 아닌 누이로 속여 곤란에 빠뜨렸습니다. 아비멜렉에게 또 다시 사라를 빼앗길 뻔한 것입니다. 그런데 이때에도 아브라함은 재산을 단단히 챙겼습니다. 아브라함은 애굽에서 호된 경험을 하고도 달라지지 않았습니다. 아브람을 아브라함으로 불러주셨지만 그의 속사람은 바뀌지 않았습니다. 사라는 아브라함이 미덥지 않았을 것입니다. 그런데 남편이 믿는 하나님인들 굳게 믿어졌겠습니까?

사라의 마음속에 켜켜이 쌓인 분노가 마침내 하갈을 내쫓는 데까지 이르렀습니다. 자신의 내면에 상처가 있고 분노가 쌓이면 타인과의 관계는 정상적으로 지속되지 않습니다. 마치 시한폭탄을 안고 사는 것과 같습니다. 언젠가는 파국으로 치닫게 됩니다. 사라의 분노는 하갈에 대한 학대로 드러나고 하갈은 결국 사라의 곁을 떠나야 했습니다.

사라의 분노에 주목하는 이유가 여기에 있습니다. 이 분노는 인류 역사의 가장 뿌리 깊은 갈등의 원인 중 하나로 자리잡습니다. 사라와 하갈 이 두 여인의 갈등은 두 여인에게서 태어나는 이삭과 이스마엘의 갈등으로 이어지고, 오늘날 기독교와 이슬람의 갈등으로까지 이어지고 있기 때문입니다.

분노는
가정에 갈등을 가져온다

한편, 하갈은 어땠을까요? 사라의 명령에 따라 아브라함과 동침해 아기를 잉태했는데 사라에게 학대를 당하고 결국 집에서 쫓겨나게 생겼습니다. 억울하고 기가 막히는 상황입니다. 하나님은 그런 하갈을 만나 주시고 집으로 돌아가게 하십니다. 하갈은 아브라함의 집으로 돌아가 이스마엘을 낳았습니다.

또 몇 년이 흐른 뒤 사라가 마침내 이삭을 낳습니다. 아브라함의 나이 99세에 얻은 아기입니다. 하나님은 이때 아브람의 이름을 아브라함으로, 사래의 이름을 사라로 바꿔 주십니다. '큰아버지' 아브람에서 '열국의 아버지' 아브라함으로, '나의 공주' 사래에서 '모든 사람의 어머니' 사라로 축복하신 것입니다. 그런데 앞에서 살펴본 것처럼 아브라함이나 사라가 그런 이름을 가질 만한 사람들이 아닙니다. 아내를 보호하기는커녕 도리어 위험에 빠뜨리는 못난 남편과, 하나님을 믿지 못하고 자기 마음대로 다

사랑이 없으면 가족도 원수다 |

른 사람에게서 자식을 얻겠다고 계획했다가 하갈과 그 아들 이스마엘과 갈등한 아내입니다. 그런 아브라함과 사라에게 하나님은 믿음의 조상이라는 놀라운 복을 주십니다. 그들이 의로워서가 아니라 하나님이 그들을 의롭게 만들기로 작정하셨습니다.

아들을 얻고 사라는 그 이름을 '웃음'이란 뜻의 이삭이라고 짓습니다. 너무 좋아서 웃음을 감출 수 없다는 의미입니다. 그런데 얼마 안 가 집안에 평지풍파가 일어납니다. 이스마엘이 이삭을 놀리고 조롱하는 것을 본 사라가 분노해서 하갈과 이스마엘을 집에서 쫓아내는 사건이 벌어진 것입니다. 이때도 아브라함은 적극적으로 나서서 문제를 해결하려고 하지 않습니다. "당신의 종이니 알아서 하라"고 분노한 사라에게 모든 문제를 맡겨버립니다. 아브라함의 무책임한 태도에도 불구하고 하나님은 이스마엘도 한 민족을 이루도록 복을 주십니다.

아브라함을 이때까지만 놓고 보면 참으로 비겁합니다. 무책임한 남편이고 신실하지 못한 아버지입니다. 남편이 남편답지 못할 때 아내의 내면에 화가 쌓이고, 아버지가 아버지답지 못할 때 분노가 폭발합니다. 해소되지 않은 분노는 차곡차곡 쌓이다가 시간이 지나면서 급속히 팽창합니다. 흔히 '화병'이라고 부르는 이 분노는 내면의 질서만이 아니라 밖의 질서까지 송두리째 무너뜨립니다. 중동 분쟁을 비롯한 세계 곳곳의 테러와 폭동은 이와 같은 분노에서 비롯됩니다. 이스마엘 자손과 이삭 자손의 오랜 갈등은 오늘날까지 끝나지 않는 큰 고통입니다.

우리나라 가정을 보면 이보다 더하면 더했지 덜하지 않습니다. 아버지의 무책임함은 어머니의 가슴에 화병을 만들었고, 그것이 가정마다 크고 작은 한으로 서려 우리 사회 곳곳에 쓴 뿌리를 남겨 놓았습니다.

사실 이 갈등의 발단을 제공한 장본인은 사라입니다. 아이를 낳지 못한 것도, 아들을 주시겠다는 하나님의 약속을 믿지 못하고 몸종을 통해 아기를 얻겠다는 인간적인 생각을 한 것도 사라입니다. 그러나 사라는 도리어 남편과 종에게 화를 내고 있습니다. 몸종인 하갈을 돌보고 책임지지 않았습니다. 열네 살의 이스마엘을 데리고 집을 떠나야 했던 하갈을 생각해 보십시오. 얼마나 막막하고 기가 막혔겠습니까? 이 일을 꾸미고는 그 책임을 자신에게 묻는 사라도 밉지만 뒷짐 지고 방관만 하는 아브라함이 얼마나 미웠겠습니까?

분노 상황을
믿음의 시선으로 보라

분노의 근본적인 원인은 하나님을 믿지 못하는 것입니다. 하나님의 말씀을 신뢰하지 못해서 하나님의 기준이 아니라 내

기준으로 살다 보니 분노가 생기는 것입니다. 이 분노가 결국 관계를 파탄에 이르게 했고, 나아가 오늘날 심각한 중동 분쟁으로까지 발전하게 되었습니다.

분노의 근본적인 원인은 하나님을 신뢰하지 못함에 있습니다. 하나님을 믿지 못하므로 하나님의 기준을 거부하는 것입니다. 내 기준으로 선악을 심판합니다. 나의 분노는 나의 심판 결과에 승복하지 않는 타인을 향한 것입니다. 이 분노는 결국 어느 시점에서 관계에 파탄을 가져오고, 집단적인 대립과 갈등은 수습하는 것이 불가능한 분쟁과 전쟁으로 치닫습니다.

성경을 보면 도처에 하나님의 약속이 새겨져 있습니다. 이 언약의 성취는 붙드는 자의 것입니다. 그러므로 성경을 읽을 때 가장 먼저 할 일은 내 생각을 내려놓는 것입니다. 내 생각을 잠시 거두고 말씀을 기준 삼을 때 이 언약을 붙들 수 있기 때문입니다. 하나님의 자녀라는 신분을 획득했음에도, 하나님을 만나 그분의 부르심을 들었음에도 내 생각을 버리지 못하면, 사라처럼 인간적인 궁리를 하게 되고 그로 인해 분노할 일이 생깁니다. 평생 처리하지 못할 분노를 쌓게 됩니다.

이 처리하지 못한 사라의 분노는 나중에 아브라함이 이삭을 바치라는 하나님의 명령을 독단적으로 실행에 옮겼을 때 한 번 더 폭발했을 것입니다. 그토록 사랑스런 아들을 아브라함이 한마디 상의 없이 죽이려 했다는 사실을 알았을 때 사라가 얼마나 기가 막혔겠습니까. 뒤늦게 소식을 전해들은 사라는 배신감으로 인해 혼자서 분을 삭이느라 정말 힘들지 않았을까요? 그래서인지 사라는 127세에 죽습니다. 아브라함이 175세에 죽은 것에 비교하면 짧은 인생을 살았습니다. 보통 여자가 남자보다 오래 산다는데 사라는 남편보다 먼저 죽었습니다.

아랍 민족은 이스마엘의 후예이고 유대인은 이삭의 후예입니다. 이 두 민족은 지금도 원수지간으로 지내고 있습니다. 만일 아브라함이 남편으로서 아내 사라를 충분히 사랑하며 처신을 잘했다면, 하갈이 감히 사라를 모욕하지는 못했을 것입니다. 그랬다면 사라도 이스마엘을 자기 자식처럼 돌보고 키웠을 것이고 오늘날 중동의 분쟁도 없었을 것입니다. 아마 인류 역사의 물줄기도 다른 방향으로 흘렀을 것입니다.

하나님은 분노의 열매가 주렁주렁 달린 역사 가운데서도 구원의 역사를 이뤄 가십니다. 다만 이후 세대들이 이 열매를 따 먹으며 고통을 겪을 수밖에 없습니다. 그러므로 자신의 내면에 쌓여 있는 분노에 주목하십시오. 그리고 어떻게든 그 분노를 해결하십시오. 분노는 당대에 해결되어야 합니다. 자손에게까지 대물림되어선 안 됩니다. 우리가 우리 안에 있는 분노를 어떻게 해결하느냐에 따라 미래가 결정됩니다.

사랑이 없으면 가족도 원수다 |

내게 허락된 장애나 결함, 부족한 점조차도 하나님이 허락하신 하나의 선물이라고 생각해 보십시오. 옛날 중국 북쪽에 점을 잘 치는 노인이 살았습니다. 그 노인에게는 말 한 마리가 있었는데, 어느 날 이 말이 국경을 넘어 오랑캐 땅으로 도망가 버렸습니다. 이것을 안 동네 사람들이 그를 위로해 주었습니다. 그러나 노인은 조금도 슬픈 기색을 보이지 않고 "지금의 화가 내일의 복이 될 수도 있는 것이요, 지금의 슬픔이 어찌 곧 기쁨이라 말하지 않을 수 있겠소?"라고 이야기했습니다. 수 개월 후에 그의 말대로 잃어버린 말이 북방 오랑캐 지역의 아주 훌륭한 말 한 마리를 데리고 집으로 돌아왔습니다. 동네 사람들은 기뻐했지만 노인은 "오늘의 복이 내일의 화가 될 수도 있는 것"이라며 조금도 기뻐하지 않았습니다.

　　노인의 집에는 외아들이 있었는데, 그는 말타기를 좋아했습니다. 어느 날 이 아들이 오랑캐 땅에서 온 말을 타고 달리다가 말에서 떨어져 다리가 부러졌습니다. 동네 사람들이 노인을 위로하자 노인은 또 "지금의 화가 내일의 복이 될 수도 있다"며 조금도 슬퍼하지 않았습니다. 그로부터 1년이 지난 어느 날, 오랑캐가 침입해 들어와서 마을의 청년들이 전쟁터로 나가 싸우다가 열의 아홉이 목숨을 잃고 말았습니다. 그러나 노인의 아들은 다리를 다쳐서 전쟁터에 나가지 않아 무사했습니다.

우리가 잘 알고 있는 '새옹지마'라는 고사성어에 얽힌 이야기입니다. 이 이야기는 우리가 분노에서 자유로워져야 할 까닭을 비유로 들려줍니다. 말이 나가면 분노할 수밖에 없는 상황이지만, 그 말이 다른 말 한 마리를 데리고 오고, 말을 타다가 아들이 다쳤지만, 다리를 다친 일로 인하여 아들이 전쟁터에 나가지 않아 살아남을 수 있었습니다. 그러므로 우리에게 주어진 모든 것들에는 이유가 있다고 믿음으로 받아들이면 마음의 분노가 생기지 않을 것입니다.

분노할 수밖에 없는 상황을 지혜롭게 수용하면 거기서부터 새로운 길이 열립니다. 지금 내 상황을 사람의 눈으로 보면 분노가 일어나지만 하나님의 시선, 믿음의 시선으로 보면 다른 차원의 시각이 열립니다.

우리가 잘 아는 찬송가 '예수를 나의 구주 삼고'를 작사한 패니 크로스비(Fanny Crosby)는 태어난 지 6주만에 의사의 실수로 시각장애인이 되었습니다. 더구나 어렸을 때 부모님을 여의고 고독하게 살았습니다. 하지만 패니 여사는 그의 불행을 지렛대 삼아 8000곡 이상의 찬송가를 작사하게 되었습니다.

아, 나는 얼마나 행복한 사람인가!
비록 보이지 않는다 해도 이 세상을 나는 만족하리

사랑이 없으면 가족도 원수다 |

다른 사람들이 갖지 못한 축복을

나는 얼마나 많이 누리고 있는지

보이지 않기 때문에 한숨짓고 눈물지을 수도 있지만

나는 한숨짓고 눈물지으려 하지도 않으리

패니 여사가 여덟 살에 지은 시입니다. 놀랍지 않습니까? 불행을 겪으면 당분간은 그 불행에 매달려 있지만, 그것을 넘어서면 또 다른 지평이 있다는 것을 기억하십시오.

내면에 분노가 있다면 하나님께 솔직하게 드러내십시오. 하나님께 분노를 드러냄으로 분노에서 자유를 얻으십시오. 해결되지 않은 분노, 끔찍한 분노는 죄의 덫에 걸리게 되어 있습니다. 내면의 분노로 누군가를 미워한다면 그 관계는 파탄이 나게 되어 있습니다. 그러나 분노를 사람에게 쏟는 것은 금물입니다. 하나님께 모든 분노를 쏟아 부어도 하나님은 이를 문제 삼으시지 않습니다. 오히려 드러내어야 깨끗해질 수 있고 회복될 수 있습니다. 분노로부터 결단코 자유한 인생을 누리시기 바랍니다.

3

하나님에 대한 신뢰가
분노를
용서로 바꾼다

요셉의 분노

분노 유발자,
요셉

성경에는 요셉이 분노했다는 직접적인 표현이 없습니다. 하지만 우리는 그가 분노할 수밖에 없는 일들을 반복해서 겪었음을 잘 압니다.

요셉은 아버지 야곱의 열한 번째 아들로 태어났습니다. 야곱에게는 네 명의 아내가 있었으나 그중 라헬을 가장 사랑했습니다. 그 라헬에게서 낳은 첫아들이 요셉입니다. 야곱은 라헬을 아내로 얻기 위해 삼촌 라반의 집에서 14년을 종처럼 일해야 했습니다. 야곱은 사랑하는 여인 라헬에게서 얻은 요셉을 사랑했습니다. 하지만 그 사랑이 지나쳤는지 요셉은 다른 열 명의 형들의 질투를 한 몸에 받아야 했습니다.

성경은 야곱이 요셉에게만 채색옷을 입혔다고 말합니다. 채색옷은 오늘날의 브랜드 옷이라고 보면 될 것입니다. 비싼 옷을 입혔다는 뜻입니다. 더구나 요셉은 성품이 정직해서 형들의 잘못을 아버지 야곱에게 일러바치곤 했습니다. 그러니 형들에게 요셉은 미운털이 박힌 눈엣가시였을 것입니다.

어느 날 형들이 한통속이 되어 요셉을 처치하기로 작당을 합니다. 요셉만 사라지면 아버지의 사랑도 골고루 받을 수 있고 집안 분위기도 화기애애할 것 같았기 때문입니다. 형들은 요셉을 물 없는 구덩이에 빠뜨려 죽이려다가 마음을 바꿔 미디안 상인들에게 노예로 팔아 버렸습니다. 우리는 여기서 형들의 분노가 어떤 결과를 만들어 내는지 보게 됩니다. 형들의 분노는 마치 가인의 분노와 닮았습니다.

분노하되
품지는 말라

형들에게 죽임을 당할 뻔하다가 상인들에게 노예로 팔린 요셉의 심정은 어땠을까요? 두려움에 사로잡혔다가 애굽에서 노예로 살아가면서 형들에 대한 분노가 들끓었을 것입니다. 하지만 성경은 요셉의 분노에 대해 한마디도 언급하지 않습니다. 대신에 요셉이 노예로 팔려 간 보디발의 집에서 성실하게 일한 결과 가정 총무가 되었다고 말합니다. 요셉이 가정의 모든 일을 전적으로 맡을 만큼 애굽 사람 보디발에게 신뢰를 얻었다는 뜻입니다.

요셉이 보디발의 집에서 어떻게 처신했기에 그런 신뢰를 얻은 것일까요? 만일 요셉이 형들에 대한 분노로 늘 화가 나 있었다면 그런 신뢰를 받을 수 있었을까요? 그랬다면 늘 분노에 가득한 요셉을 다스리기 위해 주인 보디발은 그를 더 매섭게 대했을 것입니다. 요셉은 주인에게 시달리다 견디지 못하고 탈출을 감행했을 지도 모르고, 다시 붙잡혀 와 흠씬 두들겨 맞거나 죽임을 당했을지도 모릅니다. 설사 탈출에 성공해서 고향 집에 돌아갔다고 하더라도 더 심각한 문제가 벌어졌을 것입니다. 분노한 요셉이 형들에게 복수하려 했을 것이고 그랬다면 야곱의 집은 풍비박산이 났을 것입니다.

여기서 우리는 한 가지 질문을 하지 않을 수 없습니다. 그는 왜 분노하지 않았을까요? 아니 적어도 그는 어떻게 해서 분노에 사로잡히지 않았을까요? 누가 봐도 분노할 수밖에 없는 상황에 처했음에도 불구하고 요셉은 분노에 묶이지도 사로잡히지도 않았습니다. 이것이 요셉의 특별한 점입니다. 요셉이 후에 이스라엘의 근간을 세워나가는 주인공이 된 이유입니다.

분노는 정상적인 감정입니다. 화가 나면 화를 내는 게 정상입니다. 화내는 것이 잘못은 아닙니다. 문제는 화를 어떻게 다룰 것인가입니다. 화를 제대로 다루지 못하면 가인처럼, 사라처럼 화에 사로잡히게 됩니다. 가인은 그로 인해 살인까지 했고, 사라는 지금까지 인류에게 고통을 안겨 주고 있습니다.

과연 요셉은 어떻게 해서 보디발의 전적인 신임을 얻게 되었을까요? 요셉은 화난 얼굴 대신 밝은 얼굴로 사람들을 대했을 것입니다. 사람들이 믿고 맡길 만큼 진지하고 친절했을 것입니다.

보디발의 신임을 얻은 요셉은 이제 안정된 삶이 펼쳐지나보다 하고 생각했을 것입니다. 하지만 요셉의 고난은 여기서 끝나지 않았습니다. 보디발 아내의 모함으로 졸지에 감옥에 갇히게 되었습니다. 보디발의 아내가 요셉을 유혹했으나 요셉이 이를 거절하자 도리어 겁탈하려 했다고 죄를 뒤집어씌워 옥에 가둔 것입니다.

이때도 요셉은 노하지 않습니다. 누가 봐도 억울하고 속상해서 화가 날 만한데 그는 감옥에서 말썽을 피우지도 않았고 다른 죄수들과 다투지도 않았습니다. 자신의 억울한 신세를 비관하여 목숨을 끊으려 하지도 않았습니다. 도리어 간수장이 그를 신임해 그에게 감옥의 모든 사무를 맡겼다고 성경은 말하고 있습니다. 요셉은 인생에 승리하기 전에 분노에 승리했습니다.

분노에 대한 사도 바울의 가르침이 에베소서에 있습니다.

> 26 분을 내어도 죄를 짓지 말며 해가 지도록 분을 품지 말고
> 27 마귀에게 틈을 주지 말라 엡 4:26-27

사도 바울도 분노의 감정을 인정합니다. 화를 낼 수 있다는 것입니다. 하지만 그로 인해 죄를 짓지 말라고 합니다. 누구든지 화가 날 수는 있지만 화가 난다고 모두 다 죄를 짓지는 않습니다. 사도 바울은 화로 인해 죄를 짓지 말고 해가 지도록 분을 품

지 말라고 합니다. 분노를 계속해서 묵상하지 말라는 의미입니다. 화가 난 상황을 곱씹다 보면 화가 더 납니다. 더 괘씸하고 더 밉고 복수하고 싶어집니다. 밤이 새도록 분을 내면 분을 품게 됩니다. 이튿날도 그 이튿날도, 다음 달도 다음 해에도 분이 풀리지 않습니다. 평생 분을 품고 살게 되는 것입니다.

분을 품으면 어떻게 됩니까? 마귀에게 틈을 내어 주게 됩니다. 우리의 분노를 통로 삼아 마귀가 들어오게 됩니다. 그러면 홧김에 죄를 짓게 됩니다. 살인도 서슴지 않게 됩니다.

상황을 묵상하는 대신
현실로 수용하라

요셉은 분을 품지 않았습니다. 화가 났겠지만 분이 되도록 묵상하지 않았습니다. 누구보다 험한 꼴을 당했으면서도 어떻게 요셉은 분을 품지 않을 수 있었을까요?

첫째, 요셉은 어처구니없는 그 상황을 묵상하는 대신 현실을 있는 그대로 수용합니다. 컵이 깨져서 물이 쏟아졌다고 가정해 봅시다. 너무 속상해서 화가 납니다. 그런데 계속해서 화를 낸다고 해도 컵은 온전한 상태로 복원되지 않습니다. 엎질러진 물이 컵 속으로 돌아가지도 않습니다. 이미 컵은 깨졌고 물은 쏟아졌습니다. 이 사실을 현실로 빠르게 인정하고 용납해야 깨진 컵을 치우고 새로 물을 떠 올 수 있습니다. 컵이 깨진 현실에서 다음 현실로 넘어가게 되는 것입니다. 요셉은 이미 벌어진 일을 현실로 빠르게 수용함으로써 분을 품지 않을 수 있었습니다.

과거 방송사에서 근무하던 시절에 밤늦게까지 술자리가 이어지곤 했습니다. 1차, 2차, 3차까지 가게 되면 이미 시간은 새벽으로 넘어간 상태입니다. 실신하다시피 집에 돌아가면 아내가 머리끝까지 화가 나서 기다리고 있습니다. 불같이 화를 내는 아내를 향해 제가 하는 말은 고작 "그래도 집에 돌아왔잖아"였습니다. 그러면 아내는 더 화가 나서 말문을 잇지 못합니다. 미안하다고 말해야 할 상황에서 저는 한마디 덧붙입니다. "그렇게 화를 내는 게 얼마나 어리석은지 알아?" 분노의 불길에 기름을 붓는 것은 언제나 지각이 부족한 말입니다. 이미 엎질러진 일을 현실로 수용하는 것이 분노를 누그러뜨릴 수 있는 최선의 길이지만 분노하고 있는 현실을 인정하지 않는 태도는 분노를 비등점으로 끌고 갑니다. 새벽까지 술을 마셨고 뒤늦게나마 무사히 귀가했다는 사실과 걱정과 염려로 밤을 지새운 아내의 분노할 수밖에 없는 현실을 모두 수용했다면 대화가 그런 식으로 흘러가지 않았을 것이고 오랜 다툼이 되지도 않았을 것입니다.

둘째, 요셉은 주어진 일에 충실했습니다. 요셉은 애굽의 노예로 팔려 갔을 때 분노하는 대신 애굽을 배우기로 작정했습니다. 아버지 집의 장막과 전혀 다른 환경을 가진 애굽의 전혀 다른 현실을 인정하고 학습하기로 결정한 것입니다. 가장 먼저 애굽의 말을 배워야 했을 것이고, 판이한 관습과 문화를 지닌 애굽의 가정생활을 익혀야 했을 것이며, 무엇보다 주인 보디발의 기질과 성품을 익혀야 했을 것입니다. 보디발이 무엇을 좋아하고 싫어하는지, 또 언제 무슨 일로 얼굴을 찌푸리는지 하나하나 마음에 담고 기억했을 것입니다.

이렇게 누군가에 혹은 무언가에 관심을 가지고 연구하다 보면 내 안에 있는 분노를 곱씹을 시간이 없습니다. 내가 처한 상황에 집중하는 눈을 바깥으로 돌리면 나도 모르는 사이에 분노에서 벗어날 수 있습니다.

요셉은 감옥에 갇혔을 때도 그 상황에 충실했습니다. 보디발의 아내를 생각하면 화가 나서 견딜 수 없었을 것입니다. 자기가 유혹해 놓고 뜻대로 되지 않자 요셉에게 누명을 씌워 옥에 갇히게 했으니 그가 얼마나 억울하고 화가 났겠습니까? 생각하면 생각할수록 용납하기 어려웠을 것입니다. 하지만 요셉은 이 억울한 일을 그만 생각하기로 했습니다. 그리고 옥에 갇힌 지금의 현실에 충실하기로 마음먹었습니다.

요셉이 갇힌 곳은 정치범들의 수용소였습니다. 이들은 누구이며 왜 이런 곳에 들어오게 되었나, 그들에게 관심을 집중하면

하나님에 대한 신뢰가 분노를 용서로 바꾼다 |

서 애굽이라는 국가 시스템을 배우기 시작했습니다. 애굽의 정치와 경제, 바로의 통치와 바로의 인맥 등을 알게 되었을 것입니다. 어떤 죄수든 하소연하고 싶은 사연이 있습니다. 요셉은 그들의 하소연에 귀 기울이면서 그들의 분노를 삭이는 일로 시간을 보냅니다.

자신의 분노를 다스릴 수 있는 사람은 남의 분노도 누그러뜨릴 수 있습니다. 분노에 묶이지 않고 사로잡히지 않을 때 타인의 분노에 관심을 가질 수 있습니다. 덕분에 그 감옥의 분노지수가 눈에 띄게 낮아졌습니다. 그리스도인은 요셉처럼 남의 분노를 누그러뜨리는 사람이어야 합니다. 어디서건 화평케 하는 자여야 합니다.

요셉은 감옥에 있는 동안 보디발의 집에서 배울 수 없는 것을 배웠습니다. 감옥이 아니라면 어디서 중앙정부의 요직을 차지하던 사람들을 만날 수 있었겠습니까? 요셉이 보디발의 집에 계속 있었다면 결코 만날 수 없는 사람들이었고 그랬다면 애굽을 이해하는 데 시간이 더 필요했을 것입니다.

요셉은 사람들에게 끊임없이 질문했을 것입니다. 상대방을 배려하고 나보다 상대방에게 더 많은 관심을 갖는 사람들은 자신의 불행에 묶이지 않습니다. 내 억울함을 잊어버리거니와 다른 사람들에게 배울 수 있는 것도 끝이 없습니다. 요셉이 계속

묻고 답하는 사람이었기 때문에 결국 죄수들이 자신의 꿈 이야기도 요셉에게 묻게 됩니다.

셋째, 요셉은 자신에게 일어난 모든 사건이 하나님의 섭리 가운데 있다고 믿었습니다. 그는 하나님의 관점에서 모든 상황을 바라보고 이해하려 노력했습니다.

> 5 당신들이 나를 이곳에 팔았다고 해서 근심하지 마소서 한탄하지 마소서 하나님이 생명을 구원하시려고 나를 당신들보다 먼저 보내셨나이다 6 이 땅에 이 년 동안 흉년이 들었으나 아직 오 년은 밭갈이도 못하고 추수도 못할지라 7 하나님이 큰 구원으로 당신들의 생명을 보존하고 당신들의 후손을 세상에 두시려고 나를 당신들보다 먼저 보내셨나니 8 그런즉 나를 이리로 보낸 이는 당신들이 아니요 하나님이시라 하나님이 나를 바로에게 아버지로 삼으시고 그 온 집의 주로 삼으시며 애굽 온 땅의 통치자로 삼으셨나이다 창 45:5-8

이 말씀은 요셉이 총리가 된 뒤 먹을 것을 찾아 애굽에 온 형들을 만났을 때 한 말입니다. 그의 고백은 요셉이 겪은 모든 상황과 사건을 하나님의 관점에서 이해하고 해석했음을 말해 주고 있습니다.

요셉은 바로의 꿈을 해석해 주면서 졸지에 총리가 되었습니다. 그리고 그의 예언대로 온 세상에 기근이 들었을 때 가나안에 살던 형들이 식량을 구하러 애굽으로 왔습니다. 요셉이 처음부터 형들을 반갑게 맞으며 이런 말로 위로한 것은 아닙니다. 그는 처음엔 형들을 냉랭하게 대했습니다. 왜 그랬을까요? 형들을 보는 순간 수면 아래 깊이 가라앉았던 분노가 잠시 기억 속에 고개를 들었을 것입니다. 요셉은 잠시 숨을 고르는 시간을 가집니다.

그러나 그들을 향한 측은한 마음이 컸기에 요셉은 형들과 진심으로 화해하고 싶었습니다. 우리는 이를 통해 요셉이 형들에 대한 분노를 해결했음을, 그들을 오래전에 용서했음을 알 수 있습니다. 요셉은 형들 안에 있는 분노와 죄책감을 해결하고 싶었습니다. 요셉의 위대함은 여기서도 발견할 수 있습니다. 저라면 와락 끌어안으며 "내가 바로 요셉이다" 하고 밝히고 "내가 당신들 살 길을 마련해 주겠다"고 큰소리쳤을 것입니다. 말투나 표정을 통해 잘난 척하고 싶고 무언 중에라도 형들의 죄책감을 부추기고 싶었을 것입니다. 하지만 요셉은 진정한 화해의 길을 찾는 데 집중했습니다. 그들이 오래전에 요셉을 판 사건을 기억하게 만들고 유다로 하여금 회개의 고백을 하게 했으며 일을 꾸며 요셉의 동생 베냐민을 데려오게 했습니다.

이렇게 형들의 마음에 있던 분노의 정체를 까발리고 그 결과가 어떠했음을 깨닫게 한 뒤 요셉은 형들에게 자신이 바로 형들이 죽이려 했던 동생임을 털어놓습니다. 두려움에 떠는 형들을 위로하며 이 모든 일의 주체는 하나님임을, 하나님이 주관하여 섭리하신 결과임을 알려 줍니다. 이 기근의 때를 예비하기 위해 자신이 애굽으로 팔려 간 것이라고, 이스라엘을 구원하기 위해 자신이 그런 험난한 세월을 살게 된 것이라고 말합니다. 그러니 걱정하지 말라고, 염려하지 말라고 그들의 죄책감을 만져 줍니다. 놀라운 통찰과 배려, 믿음과 사랑입니다.

저는 요셉에게 '전권대사'라는 별명을 붙여 주고 싶습니다. 요셉은 어디를 가나 전권을 행사하는 자리에 앉게 됩니다. 보디발의 집에서도 감옥에서도 심지어 한 나라를 다스리는 왕궁에서도 요셉은 최고 책임자의 자리에 앉게 되었습니다. 그 비결이 무엇일까요?

그는 어떤 상황에서도 불평하지 않았습니다. 분노하지 않았습니다. 분노 때문에 복수하지 않았습니다. 요셉은 불행이 묶을 수 없는 사람이었습니다. 그런 그에게 사람들은 전권을 맡겼습니다. 오늘 우리는 내가 분노에 사로잡히지 않고 남의 분노를 누그러뜨리며 남을 이롭게 할 때 요셉과 같은 대접을 받을 수 있다는 것을 배우게 됩니다.

하나님에 대한 신뢰가 분노를 용서로 바꾼다 |

분노는 걸림돌이 아니라
디딤돌이다

현대인은 누구든지 분노를 갖고 살아갑니다. 누구든지 건드리면 화가 툭 튀어나옵니다. 그러나 요셉처럼 분노할 수밖에 없는 상황을 배움의 기회로 삼으면 하나님의 큰 그림을 성취하는 주인공이 됩니다. 구원을 위한, 생명을 위한 하나님의 놀라운 계획의 중심에 서게 됩니다. 그러므로 분노 때문에 인생을 그르치는 어리석음을 범해서는 안 됩니다.

돌이켜 보면 제 인생에도 분노할 수밖에 없는 일들이 수없이 많았습니다. 하나님이 저를 목회자로 세우기 위해 그런 일들을 겪게 하셨나 싶을 때도 있습니다. 저는 요즘 매일 페이스북에 열두 줄 아침 묵상을 쓰고 있습니다. 그런데 이 일이 제겐 전혀 부담스럽지 않습니다. 25년간 일한 방송사에서 매일 짧게 요약해서 말하기를 익히고 배웠기 때문입니다. 아무리 복잡한 사안도 1분 20초 안에 요약해서 전달하는 게 제 일이었습니다. 그 훈련이 열두 줄 묵상을 위한 것이었나 생각하게 됩니다.

하나님 관점에서 인생을 보면 해석되지 않는 것이 하나도 없습니다. 절망하거나 위축될 일이 없습니다. 일어난 사건에 분노하거나 얽매이지 않게 됩니다. 현실을 빨리 수용하고 다음 단계로 나아갈 수 있습니다. 하나님이 디딤돌로 놓은 것을 장애물로 착각해서 걸려 넘어지지 않기를 바랍니다. 우리가 분노를 다스리고 극복하는 이유는 그것이 사람을 살리는 일이기 때문입니다. 요셉은 이스라엘 민족을 구원하고 기근의 때에 그들의 생명을 살리기 위해 자신의 고난이 필요했다고 고백했습니다. 우리 앞에 놓인 걸림돌도 생명을 살리기 위한 디딤돌임을 잊지 말아야 합니다.

내가 분노를 다스리려고 애를 쓰면 그 분노에 내가 묶이게 될 것입니다. 분노하지 않으려고 하면 할수록 분노는 더 집요하게 나를 좇습니다. 그런데 내 마음이 분노보다 더 중요한 생각으로 가득하게 되면 내 분노는 점점 중요하지 않은 일이 됩니다.

보통 요셉을 꿈의 사람, 용서의 사람, 믿음의 사람이라고 이야기하지만, 요셉이 그 꿈을 매일 품지는 않았을 것입니다. 다만 자신에게 새로운 환경이 주어질 때마다 늘 배우고 익혀서 리더의 자리에 오를 수 있었습니다. 부지불식간에 꿈을 이루어가는 사람이 된 것입니다.

우리 시대에는 소위 '수저'로 자신의 신분을 표현하는 일이 빈번해졌습니다. 많은 사람들이 '나는 왜 흙수저로 태어났을까?' '나는 왜 타고난 것이 없나?' 하며 상황 탓 환경 탓을 합니다. 그러나 주어진 상황, 환경을 탓하지 않는 것이야말로 분노를 이기는 가장 중요한 해결책입니다.

주어진 환경이 인생의 장애물이 될 것인가, 디딤돌이 될 것인가는 그것을 바라보는 관점에 달려 있습니다. 내 앞에 있는 것이 장애물이라고 생각하면 장애물이 되지만, 디딤돌이라고 생각하면 디딤돌이 됩니다. 세상은 이를 '발상의 전환' 즉 '패러다임 시프트'(Paradigm Shift)라고 합니다. 관점을 달리했을 때 동일한 조건이 전혀 다르게 다가오며 해석되는 것입니다.

세상 사람들은 분노의 걸림돌에 걸려 나를 죽이고 남을 죽이는 일을 반복합니다. 그리스도인은 이런 세상 사람들의 분노를 누그러뜨리는 일을 담당해야 합니다. 분노하는 것이 마땅하다고 생각하는 상황 가운데서도 생명을 살리기 위한 구원의 섭리와 계획 안에 있음을 깨닫게 도와줘야 합니다. 틀림없이 걸림돌이라고 생각되는 장애가 실은 디딤돌이 될 수 있다는 희망을 품을 수 있도록 인도해야 합니다.

분노하십시오. 그러나 오늘 밤에 해결하고 주무십시오. 분노하십시오. 그러나 분노에 묶이지 마십시오. 분노하십시오. 그러나 죄짓지 마십시오. 악한 세력에게 틈을 주지 마십시오. 그러면 하나님의 크신 그림을 성취하는 주인공으로 살게 될 것입니다.

4

하나님을
사랑하면
죄에 분노한다

모세의 분노

남을 위해
분노할 줄 아는 사람

모세는 어떤 면에서 일생 동안 분노를 간직했던 사람입니다. 하나님은 그의 분노가 하나님을 위한 분노로 바뀔 것을 기다리셨다가 그를 사용하셨습니다.

모세의 분노는 그의 나이 40세에 살인하는 것으로 나타납니다. 당시 그는 애굽의 왕자였습니다. 왕위 계승 서열의 1인자는 아니었지만 한평생 잘 먹고 잘살 수 있는 신분이었습니다. 그런 그가 살인을 저지르고 도망자 신세가 되었습니다. 그는 이스라엘 백성이 애굽의 십장에게 채찍으로 맞는 것을 보고 분노해서 살인을 저질렀습니다. 왕궁에서 화려한 생활을 하고 있는 모세가 노예로 전락한 동족 히브리인의 처참한 처지에 분노했습니다. 나 때문이 아니라 남 때문에 분노한 것입니다.

모세는 자신의 민족을 사랑한다고 생각했습니다. 자신이 히브리 민족을 사랑한다고 믿었기 때문에 자신의 민족을 박해하는 애굽 십장을 쳐 죽인 것입니다. 그러나 이런 분노를 의로운 분노라고 말하지 않습니다. 이는 어디까지나 자기중심적인 분노이기 때문입니다. 비록 자기중심적인 분노라고 할지라도 하나님은 이런 모세의 열정을 귀하게 쓰셨고, 이 분노가 의로운 분노로 바뀌게 하십니다. 나를 살리고 민족을 살리는 열정으로 바꿔주셨습니다. 하나님의 사람으로 빚어 가는 데 모세 안의 분노를 귀하게 사용하셨습니다.

> 이 사람 모세는 온유함이 지면의 모든 사람보다 더하더라
> 민 12:3

화가 난다고 사람을 죽인 모세가 온유합니까? 과연 온유가 무엇이기에 하나님은 모세를 온유한 사람이라고, 그것도 가장 온유한 사람이라고 말씀하셨을까요?

모세는 살인을 저지른 후 도망자 신세가 되어 광야에서 떠돌게 됩니다. 그러던 중 장인 이드로를 만나 양 떼를 치는 목자가 되었습니다. 당시에 목자는 가장 천대 받는 직업이었습니다. 천한 직업 중 가장 천한 직업이 목자였습니다. 모세에게 목자의 삶이 얼마나 한탄스러웠으면 아들을 낳고 그 이름을 게르솜이라고 지었을까요? 게르솜은 '나그네'라는 뜻입니다. 아들의 이름에 자신의 처지를 빗댄 것입니다.

> 그가 아들을 낳으매 모세가 그의 이름을 게르솜이라 하여
> 이르되 내가 타국에서 나그네가 되었음이라 하였더라 출 2:22

이렇게 천한 목자로 살아가니 모세 안에 자리잡고 있던 사람을 죽일 만큼 사나운 성질이 사라졌을까요? 그렇지 않습니다. 40년 동안 모세를 지켜보던 하나님이 불에 타지 않는 떨기나무에 나타나셔서 모세에게 이스라엘 백성을 구원하라는 사명을 주셨을 때 모세가 세 번이나 거절합니다. 모세의 괄괄한 성질이 여전히 살아 있음을 보여 주는 장면입니다.

거룩한 하나님이 직접 현현해서 저를 부르시면, 아무리 감당하기 힘든 부르심이라도 모세처럼 거절하지 못할 것 같습니다. 분명한 하나님의 음성이라면 경외의 마음으로 단번에 순종할 것 같습니다. 하지만 모세는 세 번이나 거절합니다. 첫 번째는 바로가 나 같은 사람의 말을 들을 리 없다는 이유였습니다. 두 번째는 나는 입이 둔해서 조리 있게 말할 자신이 없다는 이유였습니다. 세 번째는 나는 못하겠으니 '보낼 만한 사람을 보내라'는 이유였습니다.

하나님의 명령도 거절하는 모세가 어떻게 온유한 사람입니까? 그것도 세상에서 가장 온유한 사람이라니요?

그렇게 완강히 거절했지만 결국 모세는 하나님의 명령을 따라 애굽 땅에서 이스라엘 백성을 이끌고 나오게 됩니다. 모세가 진두지휘한 출애굽 사건은 200만 명이 넘는 민족의 대이동이었습니다. 하지만 역시 출애굽의 길은 험난했습니다. 물도 식

량도 없는 채로 광야의 온갖 위험을 감수해야 했습니다. 뿐만 아니라 걸핏하면 애굽으로 돌아가겠다고 노래를 부르는 이스라엘 백성의 불평에 맞서야 했습니다.

광야 생활 중에 이스라엘 백성이 물이 없다고 투덜거리자 모세는 지팡이를 두드려 물을 냈습니다. 이 일로 모세는 가나안에 들어가지 못하게 됩니다. 모세가 자기 분을 이기지 못하고 하나님의 말씀에 불순종했기 때문입니다.

6 모세와 아론이 회중 앞을 떠나 회막 문에 이르러 엎드리매 여호와의 영광이 그들에게 나타나며 7 여호와께서 모세에게 말씀하여 이르시되 8 지팡이를 가지고 네 형 아론과 함께 회중을 모으고 그들의 목전에서 너희는 반석에게 명령하여 물을 내라 하라 … 10 모세와 아론이 회중을 그 반석 앞에 모으고 모세가 그들에게 이르되 반역한 너희여 들으라 우리가 너희를 위하여 이 반석에서 물을 내랴 하고 11 모세가 그의 손을 들어 그의 지팡이로 반석을 두 번 치니 물이 많이 솟아나오므로 회중과 그들의 짐승이 마시니라 12 여호와께서 모세와 아론에게 이르시되 너희가 나를 믿지 아니하고 이스라엘 자손의 목전에서 내 거룩함을 나타내지 아니한 고로 너희는 이 회중을 내가 그들에게 준 땅으로 인도하여 들이

지 못하리라 하시니라 13 이스라엘 자손이 여호와와 다투었으므로 이를 므리바 물이라 하니라 여호와께서 그들 중에서 그 거룩함을 나타내셨더라 민 20:6-13

모세는 이전에 이보다 더 크게 분노한 일이 있었습니다. 하지만 하나님은 이때 모세를 책망하지 않으셨습니다. 이유가 무엇입니까?

모세가 시내산에서 하나님께 십계명을 받는 동안 이스라엘 백성이 금송아지를 만들어 제사를 지내고 있었습니다. 아무리 기다려도 모세가 내려오지 않자 갑자기 두려움에 빠진 백성이 하나님을 대신해서 금송아지를 만들어 의지하려 했던 것입니다.

십계명은 하나님이 이스라엘 백성을 위해 직접 돌판에 새기신 계명입니다. 모세가 그걸 받아 내려오다가 백성이 금송아지를 만들어 숭배하는 것을 보고 화가 나서 그 자리에서 돌판을 던져 버립니다. 저라면 하나님이 주신 것을 그렇게 던지지 못할 것입니다. 그런데 모세는 백성더러 금송아지를 갈아서 물에 뿌린 것을 다 마시라고 명령합니다. 그러고 나서 이스라엘 백성 중 3천 명을 죽입니다. 하루 동안 3천 명이 목숨을 잃었다는 것은 그야말로 참혹한 대학살이 벌어졌다는 얘기입니다. 그런데도 하나님은 모세가 온유한 사람이라고 하십니다.

하나님을 사랑하면 죄에 분노한다 |

모세의 분노가 자신을 위한 것이 아니라 하나님을 위한 것이었기 때문입니다. 하나님은 분노의 동기를 보십니다. 모세의 분노가 이스라엘을 사랑하고 하나님 나라를 위한 것이었기 때문에 하나님은 모세의 분노를 용인하셨습니다.

하나님 때문에
분노하는 사람

모세는 비록 화려한 왕궁에서 자랐지만 자신이 히브리인임을 잊지 않았습니다. 자기 정체성이 분명한 사람이었습니다. 하나님을 위한 분노는 겸손이고 온유입니다. 하나님은 돌판을 깨뜨린 모세를 책망하지 않으시고 두 번째 돌판을 만들어 주셨습니다. 하나님은 하나님을 위해 분노하는 사람을 사용하십니다.

다윗도 하나님을 위해 분노할 줄 아는 사람이었습니다. 이스라엘이 블레셋 군대와 대치하고 있을 때, 거인 골리앗이 온갖 조롱으로 이스라엘을 멸시했지만 누구도 대응하지 못했습니다. 무서웠기 때문입니다. 이때 다윗은 골리앗이 하나님의 군대를 조롱한다는 사실 때문에 분노했습니다. 그래서 갑옷도 입지 않은 채로 골리앗을 상대하기 위해 적장으로 뛰어갔습니다. 당시 다윗이 어떻게 분노를 발했는지 성경은 이렇게 말하고 있습니다.

45 다윗이 블레셋 사람에게 이르되 너는 칼과 창과 단창으로 내게 나아오거니와 나는 만군의 여호와의 이름 곧 네가 모욕하는 이스라엘 군대의 하나님의 이름으로 네게 나아가노라 46 오늘 여호와께서 너를 내 손에 넘기시리니 내가 너를 쳐서 네 목을 베고 블레셋 군대의 시체를 오늘 공중의 새와 땅의 들짐승에게 주어 온 땅으로 이스라엘에 하나님이 계신 줄 알게 하겠고 47 또 여호와의 구원하심이 칼과 창에 있지 아니함을 이 무리에게 알게 하리라 전쟁은 여호와께 속한 것인즉 그가 너희를 우리 손에 넘기시리라 삼상 17:45-47

다윗은 조금도 무서워하는 기색 없이 골리앗에게 하나님의 이름으로 나가서 너를 죽이겠다고, 네 시체를 공중의 새와 땅의 들짐승에게 주겠다고 노를 발합니다. 그러면서 다윗이 성공한다면 그것은 하나님이 살아 계심을 증거하는 것이라고 말합니다.

다윗이 원래 이렇게 화를 내는 사람이었을까요? 아닙니다. 다윗이 이 전장에 온 것은 단지 아버지의 심부름으로 형들에게 도시락을 전하기 위함이었습니다. 그런데 형들은 다윗이 전쟁터에 온 것이 못마땅해서 구경하러 왔느냐며 화를 내고 조롱했습니다. 하지만 다윗은 형들의 조롱과 멸시에 화를 내지 않았습니다. 다윗은 자신의 일로 화를 내는 사람이 아니었습니다.

오늘날 그리스도인들의 문제가 무엇입니까? 분노해야 할 때 침묵하고 침묵해야 할 때 분노하는 것입니다. 부부싸움하려고 결혼했습니까? 자식들한테 화내려고 부모가 되었습니까? 원수를 만들려고 직장 생활합니까? 교회에서 다투려고 직분을 받았습니까? 이렇듯 사소한 일에는 너무 쉽게 분노하면서도 정작 그리스도인으로서 목소리를 내야 할 때는 점잔을 빼며 입을 다뭅니다.

사도 바울 역시 보통 성격의 사람이 아니었습니다. 스데반을 돌로 쳐 죽이는 현장에 그가 있었고 그리스도인들을 잡아 가두겠다고 먼 길도 마다하지 않았습니다. 바울의 불같은 이 성격이 예수님을 만나고 나서 사라졌습니까? 아닙니다. 사도행전 17장에는 바울이 아테네에 갔다가 우상이 가득한 것을 보고 마음에 격분하여 회당과 장터, 광장에서 사람들을 붙들고 토론하는 장면이 나옵니다.

일본에 가면 어디든지 신사가 있습니다. 태국이나 티베트에 가면 어디든지 절이 있습니다. 만약 누군가가 그것을 보고 분노했다면 그는 벌써 선교사로 그 지역에 나갔을 것입니다. 그러니 주일에만 조용히 예배당에 나와 예배드리고 있다면 하나님 때문에 분노해본 적이 없기 때문일지도 모릅니다. 대부분의 사람들은 하나님 때문에 슬퍼하거나 울지 않습니다. 오직 나를 위해 눈물짓거나 분노할 따름입니다. 그러나 하나님이 사용하시는 사람은 바울처럼, 모세처럼, 다윗처럼 하나님 때문에 분노하는 사람입니다.

마땅히
분노해야 할 때가 있다

분노는 하나님 나라를 건설하는 데 중요한 건축자재입니다. 예수님도 성전에서 분노하셨습니다. 환전상이 속임수를 쓰며 비둘기와 양을 파는 것을 보고 하나님의 집을 장사치들의 소굴로 만들었다고 상을 엎으며 분노하셨습니다. 지금껏 예루살렘 성전에서 이런 일이 일어난 적이 없습니다. 이방인이 약탈한 적은 있지만 유대인 중에서 무섭게 꾸짖으며 성전을 발칵 뒤집어 놓은 사람은 예수님이 유일합니다.

오늘날 한국 교회의 문제가 여기에 있습니다. 건물이 없어서도, 사람이 없어서도 아니고 예수님을 위해 분노하지 않는 그리스도인이 문제입니다. 마땅히 분노해야 할 일에 분노하지 않기 때문에 한국 교회가 지금과 같은 위기에 놓인 것입니다. 부부 관계에서 위기는 싸울 때가 아닙니다. 상대방에 대해 철저히 무관심할 때입니다. 교회의 위기는 하나님이 조롱과 멸시를 받아도 그리스도인이 분노하지 않을 때 옵니다.

개독교라고 멸시 받는데도 왜 분노하지 않습니까? 내 아버지가 길거리에서 얻어맞고 있어도 가만있을 겁니까? 내 아들이 친구들한테 왕따를 당해도 점잔 빼고 있을 겁니까? 사랑과 분노는 양면의 거울과 같습니다. 사랑하면 분노할 수밖에 없습니다. 우리가 분노하지 않는 것은 하나님을 사랑하지 않기 때문입니다. 하나님 사랑은 교회 건물을 크게 짓고 헌금을 많이 내는 것이 아니라 하나님을 조롱하는 세상의 목소리에 분노하는 것입니다.

이스라엘을 향한 모세의 지극한 사랑은 그의 분노에서 알수 있습니다. 금송아지를 만들어 예배드리는 이스라엘 백성을 모두 쓸어 버리겠다고 하시는 하나님께 그는 생명책에서 내이름을 빼도 좋으니 제발 그들을 살려 달라고 애원합니다. 모세의 사랑을 알기에 하나님은 그의 분노를 용인하셨습니다.

그런데 하나님이 이런 모세의 분노를 용인하시지 않는 장면이 나옵니다. 모세의 분노가 사랑에서 나온 것이 아니었기 때문입니다. 하나님 때문에 분노한 게 아니었기 때문입니다.

하나님이 말로 명령해서 물을 내라 하셨는데 모세는 지팡이를 두드려 물을 냈습니다. 하나님은 모세의 이 같은 행동을 '믿음 없다'고 말씀하십니다.

여호와께서 모세와 아론에게 이르시되 너희가 나를 믿지 아니하고 이스라엘 자손의 목전에서 내 거룩함을 나타내지 아니한 고로 너희는 이 회중을 내가 그들에게 준 땅으로 인도하여 들이지 못하리라 하시니라 민 20:12

모세 같은 믿음이 어딨습니까? 모세는 믿음으로 홍해를 가르고 믿음으로 200만 명의 이스라엘 백성을 이끌고 나온 사람입니다. 그런데 하나님은 왜 모세더러 믿음 없다 하시는 걸까요?

출애굽기 17장에서 모세는 지팡이를 두드려 물을 낸 적이 있습니다. 모세는 이번에도 지팡이를 두드리면 물이 나올 것으로 여기고 반석에 명령해 물을 내라는 하나님의 말씀을 허투루 들었습니다. 하나님은 비록 물이 나왔지만 모세의 이 행동은 믿음에서 나온 것이 아님을 지적하시는 것입니다.

'네가 나를 믿지 않고 이런 일을 하는구나'라는 하나님의 지적은 모세로선 뼈아픈 것이었습니다. 믿음은 하나님과 관계 맺는 유일한 방식이기 때문입니다. 어떤 행위로도 하나님을 하나님이라고 아버지라고 부를 수 없습니다. '믿음이 없다'는 하나님의 지적은 그러므로 모세와 하나님의 관계가 예전 같지 않다는 뜻입니다. 그런 믿음으로는 가나안에 들어가서도 안 되고 지도자 노릇을 해서도 안 된다고 말씀하시는 것입니다.

모세가 지팡이로 바위를 치면서 화를 낸 것은 분노의 동기가 하나님이 아닌 자신에게 있었기 때문임을 드러냅니다. 모세 자신도 모르게 자기 자신 안에 고개를 든 교만으로 인한 분노였습니다. 하나님은 이것을 묵과하시지 않았습니다. 하나님은 그렇게 호락호락하신 분이 아닙니다. 하나님은 어제까지 우리를 쓰셨어도 오늘 버리실 수 있는 분입니다.

우리는 우리의 마음 상태가 어떠한지, 우리가 하나님을 그분의 자리에서 밀쳐놓지는 않았는지 항상 점검해야 합니다. 스스로를 속일 수는 있을지라도 모든 분노의 동기를 불꽃같이 보시는 주님이 그 분노가 어디서 비롯되는 것인지를 정확히 알고 계십니다. 하나님은 절대로 속는 법이 없으시기 때문입니다.

특히 리더십의 자리에 있는 사람들은 이런 마음에 주의해야 합니다. 혹은 부모가 자녀들을 대할 때 이런 마음이 드는지 경계해야 합니다. '내가 너희들에게 어떻게 대했는데 왜 너는 아직 이 모양이냐'라는 생각이 든다면 속히 마음을 돌이켜야 합니다. 하나님의 백성이 내 백성이 되지 않도록 주의해야 합니다. 내가 가나안으로 데리고 갈 백성은 내 백성이 아닌 하나님의 백성임을 기억해야 합니다.

하나님은 모세에게 그랬듯이 우리의 분노가 하나님을 위한 분노가 될 때까지 기다리십니다. 과격한 분노가 온유한 분노가 되고, 교만한 분노가 겸손한 분노로 바뀔 때까지 기다리십니다. 분노가 사라지기를 기다리는 게 아니라 분노가 바뀌기를 기다리십니다. 하나님 때문에 분노하게 될 때 하나님은 우리를 사용하십니다.

마태복음에는 "노하지 말라"는 말씀이 있습니다. 이때 분노는 나 자신을 위한 분노를 의미합니다. 자존심을 건드리면 불같이 화내는 게 사람입니다. 하지만 그리스도인은 이만한 일로 화를 내지 않는 사람입니다. 주님은 흥하고 나는 쇠해야 함을 고백하며 주님이 쇠할 때 분노하는 사람이 그리스도인입니다.

그리스도인은 남다른 분노가 있어야 합니다. 하나님 때문에 분노하고 동족 때문에 분노하고 이웃 때문에 분노해야 합니다. 이제 남은 생애 동안 무엇을 위해 분노하며 살 것인가 생각하며 결단했으면 좋겠습니다. 이 분노를 품고 남은 생애 동안 주님 앞에 서는 날까지 한결같은 보폭으로 걸어가고자 하는 것이 믿음의 삶입니다.

그리스도인이 이런 결단으로 주님 앞에 설 때 교회가 회복된다고 믿습니다. 하나님 때문에, 예수님 때문에, 그 복음 때문에, 우상이 가득한 것 때문에, 교회가 타락했기 때문에 분노하고 슬퍼하는 그리스도인들로 인해 세상은 변할 것입니다.

+

우리는 우리의 마음 상태가 어떠한지,
우리가 하나님을 그분의 자리에서 밀쳐놓지는 않았는지
항상 점검해야 합니다.

스스로를 속일 수는 있을지라도 모든 분노의 동기를
불꽃같이 보시는 주님이 그 분노가 어디서 비롯되는 것인지를
정확히 알고 계십니다.

5

억울할 때는
주님께
나아가라

다윗의 분노

화가 머리끝까지
났을 때

성경에서 가장 많이 인용되는 인물은 단연 다윗입니다. 모세가 하나님께 지면에서 가장 온유한 사람이라는 말을 들었듯이 다윗은 내 마음에 꼭 드는 사람이라는 말을 들었습니다. 하나님의 특별한 은총과 사랑을 받은 사람이 다윗입니다.

하나님께 이토록 사랑 받으니 다윗에겐 분노가 없었을까요? 그렇지 않습니다. 어떻게 보면 다윗과 같은 사람이 우리보다 훨씬 분노가 많았을 것입니다. 그럼에도 하나님께 '마음에 합한 자'란 말을 들었다면, 과연 그는 그 분노를 어떻게 다스린 것일까 궁금하지 않을 수 없습니다. 성경의 인물에서 우리가 배워야 할 것은 분노하지 않는 게 아니라 분노는 하되 그것을 다스리는 방법입니다.

다윗은 긴 세월 사울왕에게 쫓겨 다니는 신세였습니다. 이유는 한 가지, 사울의 시기심 때문입니다. 사울이 다윗을 이렇게 집요하게 쫓아 다니며 죽이려 한 이유가 있습니다. 사울은 블레셋과의 전쟁이 임박했는데 아직 당도하지 않은 사무엘 선지자를 대신해 제사를 지냈다가 사무엘에게 "하나님이 네 왕위를 옮기셨다"는 말을 들었습니다. 하나님이 사울을 버리고 이미 다른 사람에게 기름 부어 왕으로 삼으셨다는 사실을 알게 되었을 때부터 사울은 좌불안석입니다. 왕으로서 가장 두려운 것은 왕위를 빼앗기는 일입니다. 사울은 자신에게 기름을 부어 왕으로 세웠던 하나님의 사람 사무엘로부터 왕위가 넘어갈 것이라는 두려운 예언을 들었습니다. 이때부터 사울의 관심은 온통 누가 자기를 대신해 왕이 될 것인가에 쏠렸습니다. 그런 사울에게 어느 날 자고 일어나자 국민적 영웅으로 등장한, 혜성처럼 나타나 백성의 사랑을 한몸에 받고 있는 다윗은 신속히 제거해야 하는 첫 번째 정적일 수밖에 없습니다.

그래서 다윗은 무려 13년 이상을 쫓기는 사람이 되었습니다. 사람들이 다니지 않는 광야를 쫓겨 다니다 더 이상 갈 곳이 없게 되자 결국 망명까지 하게 됩니다. 이스라엘의 불구대천 원수인 블레셋으로 도망을 간 것입니다. 블레셋의 시글락에서 공동체를 이루어 살게 되었습니다.

다윗의 마음이 날마다 더없이 평온했을까요? 먹을 것이 풍족해서 더 이상 걱정이 없었을까요? 다윗은 날마다 힘겨운 삶을 살았습니다. 도망자에서 망명자가 된 다윗의 마음 속에 때로 끓어오르는 분노가 왜 없었겠습니까? 그러나 다윗은 사울왕에게 붙잡히지 않았고 자신 안에서 꿈틀대는 분노에도 절대 사로잡히지 않았습니다. 분노에 사로잡혀 어쩔 줄 모른 사람은 오히려 사울입니다. 사울은 다윗에게 지기 전에 자신의 분노에 졌습니다. 그러나 다윗은 사울의 군대와 맞서 싸우는 대신 이스라엘 땅에서 벗어남으로 분노할 수밖에 없는 상황에서도 빠져 나왔습니다. 사실 사람이나 상황보다 더 무서운 것은 내 안의 분노입니다. 사람에게 사로잡히는 것보다 분노에 사로잡히는 것이 훨씬 더 가혹합니다.

언제든지 나를 화나게 하는 사람을 만날 수 있습니다. 언제든지 나를 격동하게 하는 상황과 만날 수 있습니다. 이때 정신 차리지 않으면 분노에 사로잡히게 됩니다. 만일 다윗이 분노에 사로잡혔다면 13년이나 도망 다닐 수 있었을까요? 그랬다면 사울의 군대에 맞서 싸워 결판을 내고 싶었을 것입니다.

그런데 다윗은 분노에 사로잡히는 대신 참으로 놀라운 결단을 합니다. 하나님이 기름 부어 세우신 사울왕을 자기 손으로 죽이지 않겠다는 것입니다. 실제로 사울왕을 죽일 수 있는 절호의 기회가 두 번이나 있었음에도 그는 사울왕의 목숨을 해하지 않았습니다.

이것이 다윗의 놀라운 점입니다. 다윗은 어떻게 그런 결단을 했고 실제로 그것을 실천에 옮길 수 있었을까요? 1~2년도 아니고 13년이나 도망 다녔으면 어떻게든 이 상황을 종료시키고 싶었을 텐데 그는 그러지 않았습니다. 다윗은 상황 자체에 매몰되지 않고 이 모든 상황을 주관하시는 하나님을 먼저 바라보았습니다. 나를 분노케 하는 사람이 아니라 나를 분노케 하는 그 사람을 들어 쓰시는 하나님을 바라본 것입니다. 이는 결코 쉬운 일이 아닙니다.

과연 다윗이 보통 사람들과는 달라도 너무 달라서 결코 분노하지 않았을까요? 아닙니다. 다음의 시를 보면 다윗이 여느 사람들보다 때로 더 크게 분노했던 사람임을 알 수 있습니다.

1 내가 찬양하는 하나님이여 잠잠하지 마옵소서

2 그들이 악한 입과 거짓된 입을 열어 나를 치며 속이는 혀로 내게 말하며

3 또 미워하는 말로 나를 두르고 까닭 없이 나를 공격하였음이니이다

4 나는 사랑하나 그들은 도리어 나를 대적하니 나는 기도할 뿐이라

5 그들이 악으로 나의 선을 갚으며 미워함으로 나의 사랑을 갚았사오니

6 악인이 그를 다스리게 하시며 사탄이 그의 오른쪽에 서게 하소서

7 그가 심판을 받을 때에 죄인이 되어 나오게 하시며 그의 기도가 죄로 변하게 하시며

8 그의 연수를 짧게 하시며 그의 직분을 타인이 빼앗게 하시며

9 그의 자녀는 고아가 되고 그의 아내는 과부가 되며

10 그의 자녀들은 유리하며 구걸하고 그들의 황폐한 집을 떠나 빌어먹게 하소서 시 109:1-10

얼마나 화가 났던지 그 아들은 고아가 되고 그 아내는 과부가 되었으면 좋겠다고 저주를 퍼붓고 있습니다. 아들이 고아가 되고 아내가 과부가 된다는 것은 다윗이 저주하는 그 사람이 죽어야 한다는 뜻입니다. 다윗의 시를 더 보면 그가 적들을 얼마나 노골적으로 저주하는지 모릅니다.

11 고리대금하는 자가 그의 소유를 다 빼앗게 하시며 그가 수고한 것을 낯선 사람이 탈취하게 하시며

12 그에게 인애를 베풀 자가 없게 하시며 그의 고아에게 은혜를 베풀 자도 없게 하시며

13 그의 자손이 끊어지게 하시며 후대에 그들의 이름이 지워지게 하소서

14 여호와는 그의 조상들의 죄악을 기억하시며 그의 어머니의 죄를 지워 버리지 마시고

억울할 때는 주님께 나아가라 |

15 그 죄악을 항상 여호와 앞에 있게 하사 그들의 기억을 땅
에서 끊으소서 시 109:11-15

성경은 이렇게 적나라한 시라도 버리지 않고 남겨 놓았습
니다. 후세의 우리가 이 시를 읽을 줄 알면서도 솔직한 심경을
가감하지 않았습니다. 다윗의 시가 오늘의 우리에게 주는 교훈
은 무엇입니까? 다윗은 머리끝까지 화가 났을 때 하나님을 찾았
습니다. 분노를 격동시킨 그 사람에게 분을 쏟지 않고 하나님 앞
에 앉아 자신 안에서 용암처럼 분출하는 모든 심정을 털어놓았
습니다. 이것이 다윗의 시에서 우리가 배워야 할 교훈입니다. 사
실 이 시를 읽으면 얼마나 속이 시원합니까? 내 입을 열어 직접
저주하지 않아도 마음껏 분노를 쏟아버릴 수 있지 않습니까?

나의 대적들이 욕을 옷 입듯 하게 하시며 자기 수치를 겉옷
같이 입게 하소서 시 109:29

점잖게 해석해서 그렇지 적나라하게 표현하면 육두문자가
어지러울 정도로 등장했을 것입니다. 한마디로 하나님 앞에서
마음껏 대적을 욕한 것입니다. 다윗은 이렇게 분노를 처리했습
니다. 분노에 사로잡히지 않는 비결은 하나님께 솔직히 쏟아 놓

는 것입니다. "저 사람 죽여 주세요, 저 사람 다리 좀 부러뜨려 주세요, 저 사람 아들이 빌어먹게 해 주세요…." 그리고 한마디 더 고백하면 됩니다. "하나님, 이게 제 수준입니다. 저 원래 이런 사람인 것 아시지 않습니까?"

다윗의 가장 큰 강점은 분노할 수밖에 없는 상황이 수없이 겹치는데도 불구하고 일단 하나님 앞에 모든 분노를 쏟았다는 사실입니다. 이는 가장 건강한 분노의 처리 방식입니다. 그것이 하나님의 마음에 합했습니다. 원수 갚는 일을 내게 맡기라는 하나님의 명령에 순종한 것입니다. 분노를 건강하게 처리했기 때문에 사울을 죽일 수 있는 기회가 세 번이나 있었지만 죽이지 않았습니다. 분노가 쌓이지 않았기 때문입니다. 분노가 쌓여 있는 사람은 매번 분노의 도화선에 불을 붙이게 되고 곧 폭발하게 마련입니다.

다윗은 또한 사울에게 닥칠 수 있는 일이 자신에게도 닥칠 수 있다는 생각을 했습니다. 하나님의 기름 부음 받은 자를 처단하면 언젠가 자신도 인간의 손에 기름 부음 받은 자에게 처단당할 수 있다는 생각을 하지 않았겠습니까? 다윗이 자기 자신의 정체성을 하나님의 기름 부음 받은 택한 자에서 찾았다면 내 눈에 그 사람이 어떠하건 하나님의 기름 부음 받은 자는 하나님께 맡겨드려야 한다는 놀라운 분별력과 절제력이 있었습니다.

무엇을 먼저
볼 것인가

여러분은 화가 날 때 하나님께 이렇게 솔직한 심정을 토로합니까? 다윗과 우리의 차이가 여기에 있습니다. 우리는 하나님 앞에서 입에 담지도 못할 욕을 쏟아내지 못합니다. 대신에 우리는 우리를 화나게 한 사람에게 직접 욕하거나 다른 사람 앞에서 그 사람의 욕을 쏟아놓습니다. 그것으로 부족해서 우리는 다 쏟아버리지 못한 분노를 품고 할 수만 있다면 언제든지 복수하려고 합니다. 결국 분노를 어찌기 못한 채 도리어 분노에 사로잡히고 맙니다.

누군가에게 사기를 당했다면 그것은 1차 피해입니다. 누군가 내 차를 긁고 도망갔다면 그것도 1차 피해입니다. 그런데 그로 인해 분노에 사로잡히면 2차 피해가 발생합니다. 사기를 당해 돈을 잃거나 차를 긁혀 수리해야 하는 상황은 사실 물질적인 피해에서 끝날 수 있습니다. 그런데 그로 인한 분노에 사로잡혀서 인생이 거기에 묶여 버리는 2차 피해가 발생하면 피해가 일파만파로 번져 갑니다. 나 한 사람의 문제로 끝나지 않고 가족과 자녀에게까지 그 영향이 미치게 됩니다.

이렇듯 2차 피해는 늘 1차 피해보다 큽니다. 그래서 분노에 사로잡히지 않고 분노를 신속히 처리했던 다윗에게 주목해야 합니다.

다윗은 어느 날, 블레셋과의 전쟁에서 사울이 죽었다는 소식을 접하게 됩니다. 뿐만 아니라 사울의 아들이지만 다윗이 마음으로 사랑했던 요나단도 죽었다는 소식을 듣습니다. 이 소식을 전한 사람은 아말렉 족속의 청년으로, 청년은 사울의 왕관과 팔찌를 챙겨 와 자신이 죽였다고 말했습니다. 다윗이 늘 사울에게 쫓겨 다니는 신세였기 때문에 그렇게 말하면 큰 상이 있을 것이라 생각한 것입니다. 그러나 다윗의 반응은 그의 기대와 정반대였습니다. 도리어 이 청년을 죽이고 통곡을 한 것입니다. 조가까지 지어서 불렀습니다.

오늘날의 정치인들이라면 누구나 정치적인 과장이라고 말할 것입니다. 그러나 사울의 죽음을 애도하는 모습이 과연 다윗의 정치적인 몸짓에 지나지 않은 것이었을까요? 그렇지 않습니다. 다윗에겐 그런 쇼를 할 이유가 없습니다. 사실 사울왕이 죽고 게다가 왕위 계승의 1인자인 요나단까지 죽었다면 다윗으로선 기뻐할 일입니다. 이스라엘의 왕이 될 기회가 온 것이기 때문입니다. 하지만 다윗은 통곡을 하며 눈물을 쏟았습니다.

다윗은 이후 유다로 귀환하여 유다의 왕이 되었습니다. 지긋지긋하게 쫓아 다니던 사울왕이 죽었으므로 다윗이 망명생활을 할 이유가 없어졌기 때문입니다. 하지만 다윗은 유다 지파의 왕이 된 것으로 만족해야 했습니다. 사울왕의 군대장관인 아브넬이 나머지 열한 지파를 규합해 왕국을 세우고 사울의 다른 아들을 왕으로 옹립했기 때문입니다. 이스라엘은 그렇게 7년간 두 나라로 나뉘어 공존했습니다.

그런데 사울의 군대장관 아브넬이 제 발로 다윗을 찾아와서 "나머지 열한 지파도 바치겠다. 이스라엘의 왕은 당신 한 사람이다" 하고 말했습니다. 다윗은 무력으로 통일을 시도하지 않았습니다. 다윗은 서두르지 않고 기다립니다. 다윗은 분노하지 않고 상황이 반전되기를 기다립니다. 아브넬이 자신이 옹립한 왕과 사이가 틀어지면서 이런 용단을 내린 것입니다. 다윗으로선 손에 피 한 방울 묻히지 않고 왕국을 통일할 절호의 기회였습니다.

하지만 상황은 그렇게 평화롭게 흘러가지 않았습니다. 다윗의 경호대장 격인 요압 장군이 이스라엘로 귀국하는 아브넬을 살해한 것입니다. 과거 유다와 이스라엘이 전쟁할 때 아브넬이 요압의 동생 아사헬을 죽인 것이 원한이 되어 요압이 아브넬을 살해했습니다. 다윗의 심복이라는 사람이 평화적인 이스라엘 통합 직전에 모든 것을 허사로 되돌린 것입니다. 다윗에게 예고 없이 닥친 국가적 위기입니다.

온 나라가 어처구니없는 사건으로 충격에 빠진 이때도 다윗은 요압을 나무라고 책임을 물으면서 시간을 보내지 않습니다. 다윗은 참을 수 없는 분노에 휘말렸겠지만 그 분노에 사로잡히지 않습니다. 그는 현실을 받아들이고 위기를 반전의 기회로 삼습니다. 다윗은 사울왕이 죽었을 때와 같이 아브넬의 죽음을 애곡합니다. 눈물을 쏟고 통곡하면서 아브넬을 위한 또 한편의 조시를 짓습니다.

> 33 아브넬의 죽음이 어찌하여 미련한 자의 죽음 같은고
> 34 네 손이 결박되지 아니하였고 네 발이 차꼬에 채이지 아니하였거늘 불의한 자식의 앞에 엎드러짐같이 네가 엎드러졌도다 삼하 3:33-34

어떤 왕이었더라도 국사를 그르친 요압을 책망했을 것입니다. 요즘 같으면 면직까지 단행했을 것입니다. 하지만 다윗은 그러지 않았습니다. 일을 그르친 요압이 아니라 죽음을 맞은 아브넬에 집중했습니다. 다윗이 광야를 그냥 떠돈 게 아닙니다. 광야에서 하나님의 불같은 훈련을 받았습니다. 위기 상황이 닥쳤을 때 사람을 탓하지 않고 하나님을 바라보는 훈련입니다. 이 상황에서 가장 쉬운 해결책은 요압을 문책해서 민심을 수습하는 것입니다. 하지만 다윗은 쉬운 길을 선택하지 않았습니다. 그는 자

신의 진심 어린 애통으로 백성들의 분노의 불길을 가라앉혔습니다. 이런 선택과 결단은 오랜 훈련과 굳은 믿음 없이는 불가능합니다.

예컨대 아이가 컵을 깼습니다. 엄마는 대체로 아이를 나무랍니다. 깨진 컵을 먼저 봤기 때문입니다. 비싸면 비쌀수록 화가 더 납니다. 이때 컵을 깨고 당황해하는 아이를 보면 어떻게 됩니까? 아이의 안전을 먼저 살피고 달래게 됩니다. 컵을 먼저 보면 아이를 나무라지만, 아이를 먼저 보면 아이를 달래고 깨진 컵을 조용히 치웁니다. 재난과 위기에 훈련된 사람은 이렇게 차분하게 행동합니다. 다윗이 광야를 전전하면서 받은 훈련은 바로 이와 같은 분노처리 훈련입니다.

제가 미국에서 7년가량 산 적이 있는데, 차를 타고 가다 접촉사고가 나면 그들은 먼저 다른 차의 운전자를 찾아가 "다치지 않았습니까? 놀라지 않으셨습니까?" 하고 묻습니다. 우리나라는 어떤가요? 다 그런 건 아니지만, 차에서 내리면 먼저 차가 얼마나 손상되었는지부터 봅니다. 그러고는 다른 차의 운전자에게 고함을 지르며 다가갑니다. 미국 사람들은 사람을 먼저 바라보는데 우리는 차를 먼저 바라보는 겁니다.

또 누구든지 자기 차가 긁힌 것을 발견하면 화가 납니다. 범인을 반드시 찾아 그 책임을 따지고 욕해주고 싶습니다. 하지만 그 순간 이런 일 가운데서도 겸손을 가르치시는 하나님을 바라보면 1차적인 상황을 바꿀 수는 없을지라도 2차적인 피해를 안겨주는 분노로부터는 벗어날 수 있을 것입니다.

하나님은 다윗을 광야로 몰고 가 사람이 아닌 하나님을 바라보는 훈련을 시키신 뒤 왕국의 지도자로 세우셨습니다. 다윗은 사울이 자신을 끊임없이 격동시켰지만 하나님이 여전히 사용하시는 왕이므로 그를 해치지 않았습니다. 사울이 아니라 하나님을 바라보았기에 분노에 사로잡히지 않을 수 있었던 것입니다.

용서는 하나님만
할 수 있는 것

다윗은 통일왕국의 왕이 되고 나서 그의 아들 압살롬에게 쫓깁니다. 압살롬이 반역을 일으킨 것입니다. 다윗의 일생에서 가장 비참하고 처참한 사건이었을 것입니다.

아들에게 쫓겨 다급하게 기드론 시냇가를 건널 때 또 한 번 충격적인 일을 겪습니다. 시므이가 다윗을 따라와서 저주를 퍼부은 것입니다. 이때도 다윗은 분노에 휩싸이지 않았습니다. 요압의 동생 아비새가 분노해서 시므이를 처단하려 하자 다윗이 오히려 말립니다.

9 스루야의 아들 아비새가 왕께 여짜오되 이 죽은 개가 어찌 내 주 왕을 저주하리이까 청하건대 내가 건너가서 그의 머리를 베게 하소서 하니 10 왕이 이르되 스루야의 아들들아 내가 너희와 무슨 상관이 있느냐 그가 저주하는 것은 여호와께서 그에게 다윗을 저주하라 하심이니 네가 어찌 그리 하였느냐 할 자가 누구겠느냐 하고 11 또 다윗이 아비새와 모든 신하들에게 이르되 내 몸에서 난 아들도 내 생명을 해하려 하거든 하물며 이 베냐민 사람이랴 여호와께서 그에게 명령하신 것이니 그가 저주하게 버려두라 삼하 16:9-11

다윗은 이때도 하나님을 바라보았습니다. "그가 저주하는 것은 여호와께서 그에게 다윗을 저주하라 하심이니"라는 말은 다윗이 하나님을 바라보는 관점을 잘 설명합니다. 아비새가 화가 나서 당장에 죽이겠다고 분을 발할 때 다윗은 하나님 관점으로 이 사건을 해석하고 있었습니다. 그의 저주도 하나님의 섭리 안에 있다는 사실을 인정한 것입니다.

나중에 압살롬의 죽음으로 반역이 실패로 끝나자 그토록 악랄한 저주를 퍼붓던 시므이가 왕궁으로 귀환하는 다윗을 찾아와 다시 머리를 조아립니다.

18 시므이가 왕 앞에 엎드려 19 왕께 아뢰되 내 주여 원하건
대 내게 죄를 돌리지 마옵소서 내 주 왕께서 예루살렘에서
나오시던 날에 종의 패역한 일을 기억하지 마시오며 왕의
마음에 두지 마옵소서 20 왕의 종 내가 범죄한 줄 아옵기에
오늘 요셉의 온 족속 중 내가 먼저 내려와서 내 주 왕을 영접
하나이다 왕하 19:18-20

이때도 아비새가 분노하며 여호와의 기름 부음을 받은 왕
을 저주했으니 그가 마땅히 죽어야 한다고 따지고 들었습니다.
그러나 다윗은 분노에 곁을 내주지 않습니다. "오늘 어찌하여 이
스라엘 가운데에서 사람을 죽이겠느냐 내가 오늘 이스라엘의
왕이 된 것을 내가 알지 못하리요" 하면서 오히려 아비새의 분노
를 가라앉힙니다.

하나님이 나를 왕으로 복귀시키신 이 좋은 날에 어떻게 사
람을 죽이겠느냐는 것입니다. 급박한 처지에 놓인 다윗을 조롱
하고 저주한 시므이를 살려 두고 싶지 않은 게 인지상정입니다.
하지만 다윗은 놀랍게도 시므이를 살려 주면서 죽이지 않겠다
고 맹세까지 합니다.

다윗은 반역을 일으킨 압살롬도 원망하지 않았습니다. 도리
어 그가 죽었을 때 "내 아들 압살롬아, 압살롬아" 하며 통곡했습

니다. "너 대신 내가 죽었어야 했다"면서 눈물을 쏟았습니다. 다윗의 진실한 면모입니다. 분노로부터 자유한 모습입니다.

그런데 다윗이 죽음을 앞두고 반전이 일어납니다. 지금까지 위대하고 놀라운 인격의 소유자였던 다윗이 전혀 다른 면모를 보입니다.

> 5 스루야의 아들 요압이 내게 행한 일 곧 이스라엘 군대의 두 사령관 넬의 아들 아브넬과 예델의 아들 아마사에게 행한 일을 네가 알거니와 그가 그들을 죽여 태평 시대에 전쟁의 피를 흘리고 전쟁의 피를 자기의 허리에 띤 띠와 발에 신은 신에 묻혔으니 6 네 지혜대로 행하여 그의 백발이 평안히 스올에 내려가지 못하게 하라 7 마땅히 길르앗 바르실래의 아들들에게 은총을 베풀어 그들이 네 상에서 먹는 자 중에 참여하게 하라 내가 네 형 압살롬의 낯을 피하여 도망할 때에 그들이 내게 나왔느니라 8 바후림 베냐민 사람 게라의 아들 시므이가 너와 함께 있나니 그는 내가 마하나임으로 갈 때에 악독한 말로 나를 저주하였느니라 그러나 그가 요단에 내려와서 나를 영접하므로 내가 여호와를 두고 맹세하여 이르기를 내가 칼로 너를 죽이지 아니하리라 하였노라 9 그러나 그를 무죄한 자로 여기지 말지어다 너는 지혜 있는 사람

이므로 그에게 행할 일을 알지니 그의 백발이 피 가운데 스
올에 내려가게 하라 왕상 2:5-9

본문은 다윗이 죽음을 앞둔 어느 날 그의 뒤를 이어 왕이
된 솔로몬에게 유언으로 남긴 내용입니다. 이스라엘 군대의 두
사령관 넬의 아들 아브넬과 예델의 아들 아마사를 죽인 요압을
용서하지 말 것과 압살롬에 쫓겨 도망갈 때 자신을 저주한 시므
이를 살려 두지 말라고 한 것입니다.

다윗은 분노에 사로잡히지 않았지만 죄악을 잊지는 않았습
니다. 다윗은 왕이 된 솔로몬을 위태롭게 할 사람으로 요압과 시
므이를 꼽았습니다. 솔로몬은 다윗의 유언을 따라 이 두 사람을
죽입니다.

사람은 온전히 용서할 수 없습니다. 다윗조차 그럴 수 없었
습니다. 다윗은 하나님 마음에 쏙 드는 사람이었지만 죄를 용서
할 수 없는 한계를 지닌 사람이었습니다. 온전한 용서는 하나님
의 일입니다. 그러므로 우리의 죄악을 하나님께 고백해야 합니
다. 내가 지은 잘못을 하나님께 고백함으로 용서 받아야 합니다.
사람에게 사죄하지 말라는 말이 아닙니다. 내가 죄를 지은 그 사
람에게는 사는 날까지 용서를 구하는 마음으로 살아야 합니다.
죄는 사람이 용서할 수 없습니다. 용서는 오직 하나님의 일입니

다. 그러니 누구에게든지 원한 살 일을 피하는 것이야말로 세상의 분노를 확산하지 않는 지름길입니다. 누구든지 분노하게 하지 마십시오. 할 수만 있다면 모두와 화평하십시오.

　무엇보다 나 자신이 분노에 사로잡히도록 내버려두지 마십시오. 누군가 나를 분노하게 했다면 그 사람이 아니라 하나님을 바라보고 내 안의 솔직한 심정을 하나님께 있는 그대로 토로하십시오. 더 심각한 2차 피해가 없도록 해가 지기 전에 분노를 처리하십시오. 그럴 때 우리도 다윗처럼 하나님이 마음껏 쓰실 수 있는 자녀가 될 것입니다.

내가 분노할지라도
하나님의 사랑은
흐른다

요나의 분노

하나님의 뜻을
거스르고 싶은 요나

요나는 이스라엘의 선지자였습니다. 하나님의 말씀을 대언하는 사람이었죠. 그런데 요나가 하나님의 말씀을 대언하지 않겠다고 반항을 합니다. 하나님의 명령에 반항하는 선지자라니, 성경에서 정말 보기 드문 인물입니다.

니느웨는 당시 제국 앗수르의 수도로 메소포타미아 지역에서 가장 번성한 도시였습니다. 하나님은 요나를 불러 니느웨로 가서 회개하지 않으면 하나님의 심판이 임할 것이라고 전하라 명하셨습니다. 당시 앗수르는 대제국으로 이스라엘을 끊임없이 압박하고 괴롭히던 나라였습니다. 이스라엘 사람이라면 어느 누구도 앗수르가 회개하고 구원받기를 바라지 않았을 것입니다. 앗수르가 망하도록 해달라는 것이 모든 이스라엘 백성들의 기도제목이었을 것입니다. 그런데 그런 앗수르가 망하지 않을 방법을 전하라니, 아무리 하나님의 명령이지만 요나는 순종할 수 없었습니다.

요나는 하나님이 가라고 명령한 니느웨와 정반대 방향에 있는 다시스로 갑니다. 당시 다시스는 소위 땅끝이라고 할 만한 곳이었습니다. 다시스로 가기 위해 욥바 항구로 갔더니 마침 다시스행 배가 출항을 앞두고 있었습니다. 그 배는 자주 있는 배가 아니라 어쩌면 몇 달을 기다릴 수도 있었을 텐데 신기하게도 곧바로 다시스행 배를 타게 되었습니다.

우리가 때로 혼란스러운 까닭입니다. 하나님의 뜻과 전혀 다른 방향으로 가더라도 형통한 것 같은 상황을 만날 수 있습니다. 하나님이 원하시지 않는 길이라면 막혀있어야 하는데 오히려 길이 시원하게 뚫려있는 것 같습니다. 그러니 열려 있다고 해서 다 하나님의 길이 아니고, 또 막혔다고 해서 그 길이 다 하나님이 원하시지 않는 길이 아닙니다. 하나님의 뜻과 정반대로 가도 길이 열릴 수 있지만, 문제는 그 길을 더 갈 수 없는 고난이 기다리고 있다는 사실입니다. 요나가 배에 오르기까지는 막힘이 없습니다. 순조로운 길입니다. 그러나 항해 중에 일찍이 경험하지 못한 풍랑을 만나 더 이상 나아갈 수 없는 상황에 맞닥뜨립니다.

하나님의 부르심을 받은 사람은 하나님의 명령에 불순종했을 때 주변 사람들까지 고통스럽게 할 수 있습니다. 다시스행 배가 풍랑을 만나 좌초했다면 불순종한 요나뿐만 아니라 그 배를 탄 모든 사람이 고통 가운데 있게 되었다는 의미입니다. 그래서 그리스도인의 사회적 책임이 클 수밖에 없습니다. 오늘날 한국 교회가 하나님의 뜻과 전혀 다른 방향으로 흘러가고 있다면 그로 인한 고통은 한국에 사는 모든 사람이 짊어지게 됩니다. 마치 시장이 정책 하나를 잘못 결정하면 시민 전체가 고통을 당하고, 회사의 사장이 기업을 신중하게 운영하지 않으면 회사 전체가 위험해지는 것과 같습니다. 그리스도인이 된다는 것, 하나님의 뜻을 안다는 것은 이렇게 막중한 책임이 주어지는 일입니다. 하나님의 사람이 된다는 것은 하늘의 권세를 받는 셈이고, 그 권세는 놀라운 능력과 두려운 책임을 함께 지니게 되는 것입니다.

선원들은 이 풍랑의 원인이 누구인지 제비를 뽑아 알아보자고 제안을 합니다. 요나가 걸렸습니다. 그제야 요나가 실토를 합니다. 요나는 이 풍랑의 원인이 어디에 있는지 알고 있었습니다. 아버지가 노름해서 가정에 어려움이 왔다면 아버지는 그 원인이 자신에게 있다는 것을 잘 압니다. 술로 인해 고난을 겪고 있다면 그는 그 고난의 원인이 무엇인지 잘 압니다. 마찬가지로 요나는 하나님의 뜻을 아는 자로서 그 명령에 순종하지 않은 것이 이 풍랑의 원인임을 잘 알았습니다.

결국 요나는 바다에 내던져집니다. 요나가 "나 때문에 풍랑이 이는 것이니 나를 바다에 던지라"고 말해서 선원들이 그를 들어 바다에 던졌습니다. 하나님은 요나를 품고 있을 만큼 큰 물고기를 준비하십니다. 물고기는 사흘간 요나를 삼켰다가 육지에 이르러 그를 토해 냅니다. 하나님의 사람은 아무리 다른 길로 가고 싶어도 하나님이 원하시는 길로 가게 되어 있습니다.

왜 하나님은 요나를 버리지 않으셨을까요? 요나가 아니면 니느웨에 그 말씀을 전할 사람이 없겠습니까? 그런데 하나님은 요나를 절대 포기하지 않으십니다. 부모는 자녀가 어떤 나쁜 행동을 해도 자녀를 절대 포기하지 않습니다. 어떡해서든 바른길로 이끌려고 애를 씁니다. 하나님 아버지도 우리를 절대 포기하지 않으십니다. 어떡하든 우리를 빚어서 하나님 나라를 위해 사용하십니다.

역지사지로
생각하라

요나가 마지못해 니느웨로 갑니다. 그리고 모기만 한 소리로 "회개하라"고 전합니다. 혹여 누가 듣기라도 할까 봐 작은 소리로 전합니다. 여전히 요나는 하나님의 명령을 따르기 싫은 겁니다. 그런데 놀라운 일이 벌어집니다. 니느웨 사람들이 요나의 대언을 알아들은 것입니다. 알아들었을 뿐 아니라 온 백성이 회개하기 시작했습니다.

그 순간 요나가 "매우 싫어하고 성내며" 분노했습니다. 그리고 심판 받아 마땅한 니느웨 백성을 구원하신 하나님께 따지고 듭니다. 우리는 요나의 분노에 주목할 필요가 있습니다. 그의 분노에서 일상에서 우리가 분노하는 이유를 발견할 수 있습니다.

요나의 분노는 첫째, 그의 마음속에 있는 증오심 때문에 촉

발된 것입니다. 내면에 증오심이 있으면 쉽게 분노하게 됩니다. 우리나라 사람들은 일본을 아주 싫어합니다. 그 내면에 일본에 대한 증오심이 있습니다. 그래서 일본이 조금만 잘못해도 불같이 분노합니다. 마찬가지로 일본이 잘되는 것을 보면 배가 아픕니다. 요나도 이스라엘 백성입니다. 그래서 요나는 이스라엘을 핍박한 니느웨가 구원을 받아 심판 받지 않게 되자 속이 상하다 못해 분노했습니다.

별것 아닌 일로 분노하고 있다면 내 안에 증오심이 있는 게 아닌가 의심해 봐야 합니다. 혹시 내가 누군가를 미워하고 있는 게 아닌가, 누군가를 시기하고 있는 게 아닌가 살펴봐야 합니다.

사실 요나로선 할 말이 있습니다. 그의 분노를 합리화할 명분이 충분합니다. 어느 이스라엘 백성이 인정사정없이 잔인한 앗수르가 구원되기를 바라겠습니까? 그동안 그들에게 얼마나 괴롭힘을 당했습니까? 하지만 하나님은 명분이야 어떻든 우리의 분노를 정당하다고 여기시지 않습니다. 우리가 누군가를 미워하는 그 마음을 기뻐하시지 않습니다.

요나는 하나님이 어떤 분인지 잘 알았습니다. 요나는 하나님께 불평하며 "주께서는 은혜로우시며 자비로우시며 노하기를 더디하시며 인애가 크시사 뜻을 돌이켜 재앙을 내리지 아니하시는 하나님이신 줄을 내가 알았음이니이다"라고 말하고 있습니다. 요나는 하나님의 성품을 분명하게 알고 있었습니다. 하나님을 아는 것은 쉬운 일이 아닙니다. 그런데도 요나는 하나님 앞에서 자신의 증오심을 서슴없이 드러냅니다. 그의 분노는 여기에 연원합니다.

둘째, 분노하면 극단적인 생각을 하게 됩니다.

> 여호와여 원하건대 이제 내 생명을 거두어 가소서 사는 것보다 죽는 것이 내게 나음이니이다 욘 4:3

성을 내던 요나는 하나님께 니느웨 백성을 살리시려면 차라리 나를 죽여 달라고 말합니다. 다시 말해 니느웨를 살리든지 나를 살리든지 양자택일하라는 겁니다. 분노하는 사람들의 특징은 걸핏하면 생각이 극단적인 방향으로 치닫는다는 것입니다. 모 아니면 도로 논리를 전개합니다. 하지만 모와 도 사이에는 수많은 선택지가 있습니다. 하나님의 선택은 요나도 살리고 니느웨도 살리는 것입니다. 물에 빠진 요나를 물고기 뱃속에 숨겨서 살리신 하나님입니다. 하나님은 요나의 생명을 귀히 여겼듯이 니느웨 백성의 생명도 귀하게 여기시고 그들도 살리고 싶어하십니다.

하지만 우리는 그런 하나님을 기뻐하지 않습니다. 나에게 복을 주시려면 그를 저주해 달라고 요구합니다. 극단적 선택으로 치우칩니다. 마음속 깊은 곳에 도사린 분노 때문입니다. 과격한 행동을 하는 사람들의 마음에는 분노가 있습니다. 그 분노를 다스리지 못해 그런 안타까운 선택을 하는 것입니다. 언제든지 극단적인 선택을 피하십시오. 모와 도 사이에는 무수한 선택지가 있음을 잊지 말아야 합니다.

> 여호와께서 이르시되 네가 성내는 것이 옳으냐 하시니라
> 욘 4:4

화가 나서 차라리 죽여 달라고 말하는 요나에게 하나님은 네 안에 있는 분노를 바라보라고 말씀하십니다. 그 분노가 어디서 비롯되었는지, 그 분노로 인해 지금 어떤 상황으로 몰고 가는지 들여다보라는 겁니다.

인간의 이기적인 분노는 하나님의 은혜를 가로막는 가장 큰 장애물입니다. 역지사지로 생각하는 사람들은 쉽게 분노하지 않습니다. 내 입장만이 아니라 남의 입장, 남의 상황을 고려하면 요나처럼 극단적인 분노를 할 수 없습니다. 분노는 일종의 습관입니다. 걸핏하면 화를 내는 사람은 언제나 화를 장착해놓고 폭발할 준비를 마친 화약고와 같습니다. 분노가 습관이 되지 않으려면 역지사지를 훈련해야 합니다. 습관적으로 상대방의 입장이

되어보는 삶의 태도를 익혀야 합니다.

하나님이 요나를 가르치기 위해 준비한 것이 있습니다. 바로 박입니다. 요나가 지은 초막에 박넝쿨을 주셔서 햇빛을 가리도록 하신 것입니다. 그러자 요나가 너무 기뻐합니다. 하지만 다음 날 박넝쿨에 벌레가 생겨서 시들어 버립니다. 요나가 다시 분노해서 "나를 죽여 달라"고 떼를 씁니다. 화를 잘 내는 사람은 자살 충동에 자주 시달리기도 합니다. 분노의 출구를 찾지 못하면 남을 공격하던 화살을 돌려 자기를 공격하기 때문입니다.

> 10 네가 수고도 아니하였고 재배도 아니하였고 하룻밤에 났다가 하룻밤에 말라 버린 이 박넝쿨을 아꼈거든 11 하물며 이 큰 성읍 니느웨에는 좌우를 분변하지 못하는 자가 십이만여 명이요 가축도 많이 있나니 내가 어찌 아끼지 아니하겠느냐 하시니라 욘 4:10-11

하나님은 화를 내는 요나에게 "네가 박넝쿨 하나에 죽고 살고 할 만큼 그것을 아끼면서 내가 12만 명의 니느웨 사람을 아끼는 것을 가지고 왜 화를 내느냐"고 말씀하십니다. 박넝쿨로 역지사지의 교훈을 가르치고 계십니다.

대부분의 사람은 내가 앓는 감기가 남이 앓는 암보다 더 아프고 중요합니다. 남이 앓고 있는 암보다는 나를 편치 않게 하는 감기에 더 마음을 쏟기 때문입니다. 그러나 하나님은 요나서를 통해 우리에게 이 자기중심적인 삶에서 벗어나라고 말씀하십니다. 이기심과 증오심, 시기심어 지극한 자기중심에서 비롯된다고 말씀하십니다. 박넝쿨 하나가 12만 명의 사람보다 중요하다고 생각하는 어처구니없는 계산법으로 살아가는 한 그 분노에서 벗어날 수 없을 것이라고 말씀하십니다. 그러므로 너의 분노가 옳으냐고 물으십니다.

하나님이 요나의 분노를 다루기 위해 박넝쿨로 교훈하셨듯이 오늘 우리의 분노를 다루기 위해 요나서를 읽게 하십니다.

내로남불의 신앙을
버리라

사도 바울도 우리의 분노를 처리함으로써 이웃과 화목하라고 가르칩니다.

14 너희를 박해하는 자를 축복하라 축복하고 저주하지 말라 15 즐거워하는 자들과 함께 즐거워하고 우는 자들과 함께 울라 16 서로 마음을 같이하며 높은 데 마음을 두지 말고 도리어 낮은 데 처하며 스스로 지혜 있는 체하지 말라 17 아무에

게도 악을 악으로 갚지 말고 모든 사람 앞에서 선한 일을 도모하라 18 할 수 있거든 너희로서는 모든 사람과 더불어 화목하라 19 내 사랑하는 자들아 너희가 친히 원수를 갚지 말고 하나님의 진노하심에 맡기라 기록되었으되 원수 갚는 것이 내게 있으니 내가 갚으리라고 주께서 말씀하시니라 20 네 원수가 주리거든 먹이고 목마르거든 마시게 하라 그리함으로 네가 숯불을 그 머리에 쌓아 놓으리라 21 악에게 지지 말고 선으로 악을 이기라 롬 12:14-21

또한 원수 갚는 일은 하나님의 몫이라고 말합니다. 우리는 아무리 분노해도 원수를 갚을 능력이 없습니다. 그것은 하나님께 속한 일입니다. 그러므로 원수 갚는 일은 하나님께 맡기고 다만 우리는 선으로 악을 이겨야 합니다. 선으로 악을 이기는 것은 무엇입니까? 원수라도 목마르거든 물을 마시게 하고 배고프거든 배부르게 하라는 겁니다. 그러면 머리에 숯불을 쌓아 놓을 것이라 합니다.

당시는 숯불을 꺼뜨리면 큰일이었습니다. 아침에 빵을 구울 수 없기 때문입니다. 불이 꺼지면 속히 이웃에 달려가 숯불을 빌려야 했는데 숯불을 옮길 때 머리에 이고 갔습니다. 그러므로 어려운 이웃을 모른 척하지 않으면 내가 어려움에 처했을 때 넘치도록 도움을 받을 수 있다는 의미입니다.

원수 갚는 일은 하나님께 맡기고 미운 사람이라도 선히 대하면 분노에 사로잡히지 않는 삶을 살 수 있습니다. 하지만 오늘 우리 사회를 보십시오. 꼬리를 무는 분노의 악순환이 되풀이되고 있습니다. 도무지 이 사태를 수습할 도리가 없어 보입니다. 가진 자든 못 가진 자든 분노에 사로잡혀 있습니다.

여기에 십자가가 놓여야 합니다. 도무지 끊을 수 없을 것 같은 이 악순환의 고리를 십자가로 끊어야 합니다. 우리를 부르신 하나님의 뜻이 여기에 있습니다. 예수를 믿는 우리가 예수님을 따라 날마다 십자가를 지는 것입니다. 증오심과 이기심, 들끓는 분노를 십자가에 못 박는 것입니다.

우리는 늘 우리의 신앙을 합리화합니다. 이스라엘 백성이 그러했고 지금 우리도 그렇습니다. 자기 분노의 정당성을 주장하다 끝이 납니다. 그래서 우리는 우리의 분노가 얼마나 뿌리 깊은 자기 중심성에서 비롯된 이기적인 분노인지를 까마득하게 놓치고 맙니다. 하나님의 마음을 알아 간다는 것은 이 땅에 존재하는 것들에 대한 하나님의 사랑을 깨닫는 것입니다. 그런데 우리는 우리의 무지와 인간적인 분노에 매여 분노를 끝끝내 합리화하고 정당화하며 허송세월을 보냅니다. 잘못되었다는 생각을 하지만, 하나님 마음에 합당한 행동을 취하기는 싫어합니다.

내가 분노할지라도 하나님의 사랑은 흐른다 |

하나님의 마음에 역행하여 내가 할 수 있는 최소한의 것만 하려고 합니다. 십일조, 주일 성수하면 훌륭한 그리스도인입니다. 그래서 전도도 안 합니다. 니느웨에 있는 사람들에게 절대로 전도하려고 하지 않습니다. '저 인간들 돈도 잘 벌고 건강한데 예수까지 믿으면 어떡하지' 하며 오히려 그들의 구원을 걱정합니다. 요나는 지금 니느웨 백성이 회개하고 돌아오니까 하나님이 용서하실 줄 알았다면서 분노합니다. 요즘 말로 하면 내로남불식 신앙입니다. 내가 하면 로맨스이고 남이 하면 불륜이라고, 나는 회개하면 정말 성령 충만한 것이고 저 사람들의 회개는 완전히 겉치레입니다.

하나님은 다시스로 도망가는 요나를 붙잡아서 니느웨로 보내셨습니다. 걸핏하면 투덜대는 요나를 들어서 니느웨를 구원하셨습니다. 생명을 살리고자 하는 하나님의 이 같은 결단과 의지, 집요함이 있는 한 우리는 분노의 악순환을 끊을 수 있습니다. 요나를 사용하셨듯이 우리를 사용해 생명을 살리실 것입니다.

우리는 하나님께 붙들린 요나와 같습니다. 이 사실을 인정하고 속히 순종하십시오. 요나처럼 반항하고 투덜대지 마십시오. 기쁨으로 순종하며 붙들린 길을 걸어가기를 바랍니다. 분노로부터의 소극적인 회피가 아니라 기쁨으로의 적극적인 질주가 답입니다.

7

나의 분노는
내 대에서
끊어라

에브라임의 분노

집단적인 분노,
집단화의 조장

오늘날 집단적인 분노, 집단적인 이기주의가 팽배합니다. 장애시설, 화장장 등 거부감이 들거나 땅값이 떨어질 우려가 있는 시설이 유치되는 것에 지역 주민 전체가 반발합니다. 합리적으로 해결을 보기 전에 누군가가 분노를 일으켜서 이득을 취하고자 하며, 사람들은 이에 쉽게 부화뇌동합니다.

문제는 집단적이고 내재화된 분노가 자꾸 쌓일수록 누가 성냥불 하나만 그어도 큰 화재를 일으킬 수 있다는 점입니다. 집단의 응집된 에너지가 긍정적으로 표출되면 우수하고 탁월한 변화를 가져오지만, 부정적인 에너지가 되면 갈등을 심화시키거나 궁극적으로 집단을 혼란 상태로 빠뜨리게 됩니다.

장자
콤플렉스

이스라엘이 열두 지파를 이루며 커다란 민족을 이루는 데 혁혁한 공을 세운 사람이 바로 요셉입니다. 애굽에서 총리까지 올라 기근 때 야곱과 일가족 70명을 불러 흉년을 피하게 함으로써 생명을 유지할 수 있었습니다. 이후 이스라엘 자손들은 고센 땅에서 오랫동안 민족을 이루어 살게 되었습니다.

그러나 요셉을 알지 못하는 왕이 즉위하면서 이스라엘 사람들은 노예로 전락하고 맙니다. 어느덧 애굽에 온 지 400여 년이 되자 이스라엘 사람들은 애굽에서 가장 천박한 족속이 되고 말았습니다. 히브리는 하비루에서 온 말인데, 하비루는 당시 가장 천박한 백성을 일컫는 말이었다고 합니다.

출애굽은 하나님이 당시 가장 천한 삶을 살던 이스라엘 백성을 구원하신 사건입니다. 비록 40년 동안 광야를 전전해야 했지만, 이 시간 동안 하나님은 이스라엘 백성을 노예에서 하나님의 백성으로 새롭게 빚으셨습니다. 마침내 이스라엘 백성이 가나안에 입성하게 되었습니다. 당시 가나안은 심히 타락한 상태였습니다. 음란이 일상이고 심지어 어린아이를 불살라 태우는 인신 제사까지 횡행했습니다. 하나님은 이렇게 타락한 가나안을 이스라엘 백성에게 넘기셨습니다.

에브라임은 야곱의 아들이 아닌 요셉의 아들로 열두 지파에 이름을 올렸습니다. 야곱이 에브라임과 므낫세를 축복한 까닭입니다. 그런데 에브라임은 요셉의 둘째 아들로 장자인 므낫세 지파보다 강성했습니다. 이는 야곱의 축복에서 이미 예고된 것인데, 죽음이 임박한 야곱이 요셉의 아들들을 축복하면서 왼손과 오른손을 엇갈리면서까지 므낫세 대신 에브라임에게 장자의 축복을 해 준 데서 비롯된 것입니다. 장자의 축복은 그당시 동생보다 재산을 두 배로 받는다는 것을 뜻합니다. 에브라임과 므낫세의 위치를 바꿔 놓은 야곱 역시 차자로서 형인 에서의 장자권을 가로챈 사람이었습니다. 어쩌면 야곱의 이 콤플렉스가 요셉의 아들들을 축복할 때 발동된 게 아닌가 합니다.

대물림되는
분노

에브라임은 장자의 축복을 받고 나서 교만해졌습니다. 형보다 더 잘나가는 것을 당연히 여기더니 나중에는 열두 지파 중에 가장 불평이 많은 지파가 되었습니다. 분노가 많은 지파가 된 것입니다. 나쁜 버릇이나 나쁜 습관은 더 잘 유전되는 모양입니다.

우리나라 사람들은 고유의 한(恨)을 물려받았습니다. 한은 영어로도 번역 안 되는 단어입니다. 한이 무엇일까요? 한은 드러내지 못한 분노, 켜켜이 쌓여 있을 뿐 폭발시키지 못한 분노, 짙은 슬픔이 되어 버린 분노입니다. 당하고 당하고 또 당한 분노가 쌓여 한이 된 것입니다. 이 한은 곰팡이가 피듯 때가 되면 드러날 수밖에 없습니다.

우리 민족의 한이 당하기만 하다 생긴 것이라면, 에브라임 지파의 분노는 교만해서 생긴 것입니다. 교만한 사람들은 왜 나를 이렇게밖에 대접하지 않느냐며 분노합니다. 교만해도 분노하지만 욕심이 많아도 분노합니다. 탐욕을 부리면 분노하게 되어 있습니다. 가진 것으로 만족하지 못하고 더 갖고 싶으니까 화가 나는 것입니다. 우리 모두 교만하고 탐욕스럽지 않습니까? 억울하다고 하소연하지 않습니까? 이렇게 분노가 쌓이고 쌓이다 보면 자녀에게 물려주지 말아야 할 그 분노를 유산으로 남겨주게 됩니다.

제가 직장생활 할 때 선배 한 분이 너무 크게 웃었습니다. 깜짝 놀라서 돌아보게 만들 만큼 크게 웃는 분이었습니다. 알고 보면 그다지 웃을 것도 아닌 일로 그렇게 크게 웃는 겁니다. 어느 날 그 집을 방문했다가 그 선배의 아들이 웃는 소리를 들었습니다. 아빠의 웃음소리에 못지 않은 큰 소리였습니다. 아이의 웃음소리라고 할 수 없을 만큼 크고 우렁찬 소리였습니다. 흔히 부전자전(父傳子傳) 모전여전(母傳女傳)이라고 합니다. 웃음이야 유전이 되어도 문제될 것이 없지만 분노는 다릅니다. 화내는 버릇은 물려줄 이유가 없는 안 좋은 습관입니다.

나쁜 버릇이나 습관은 더 빨리 전염됩니다. 아이들이 욕은 더 빨리 배웁니다. 내 버릇과 습관이 내 자녀에게만 영향을 미칩니까? 회사에서도, 교회에서도 영향을 미칩니다. 우리 각자는 절대 혼자 살지 않습니다. 언제든 어디서든 어떤 형태로든 공동체의 삶을 삽니다. 이 삶을 통해 우리는 끊임없이 다음 세대에 무엇인가를 전하고 있습니다.

여러분은 자녀에게 무엇을 물려주고 싶습니까? 손자에겐 무엇을 물려주고 싶습니까? 아버지와 어머니한테서는 무엇을 물려받았습니까? 할아버지한테는 무엇을 받으셨습니까?

저는 솔직히 욕하는 유산을 물려받았습니다. 친숙할수록 더 욕을 하는 지역적인 풍토여서 쉴 새 없이 욕해도 누구도 이상하게 생각하지 않습니다. 다행인지 모르지만 누가 저에게 아무리 욕을 해도 크게 상처받지 않습니다. 예전에 들었던 욕에 비하면 감미로운 축에 속해서 하나도 마음 상하지 않습니다. 그러다가 교회에 와서 부드러운 말씨와 입가에서 떠나지 않는 웃음에 놀랐습니다. 전혀 다른 세상 같았습니다. 그러나 그게 전부가 아니라는 것을 발견하게 되었습니다. 면전에서 듣지 못한 비난이 뒤편에서 들려왔습니다. 그 비난이나 욕설을 들으면 못 견디고 분노하는 것을 보았습니다. 때로 말 한마디에도 분을 삭이지 못하는 성도들의 내면에 불신자들의 분노와는 질이 다른 분노가 쌓이는 것을 봅니다. 실은 더 큰 교만과 탐욕에서 자라난 분노입니다.

에브라임 지파는 윗 세대에서 교만과 탐욕을 물려받았습니다. 가나안 땅에 들어와서 각 지파에게 땅을 분배했을 때 유일하게 에브라임 지파만 땅이 좁다고 불평을 했습니다. 제비를 뽑아 땅을 분배한 하나님의 방법을 에브라임 지파만 못마땅하게 여

나의 분노는 내 대에서 끊어라 |

겼던 것입니다. 그들 안에는 조상에게 물려받은 불평의 인자가 있었습니다.

다음 말씀에서도 에브라임 지파가 불평해서 문제를 일으키고 있습니다. 말씀의 배경은 이렇습니다.

> 24 기드온이 사자들을 보내서 에브라임 온 산지로 두루 다니게 하여 이르기를 내려와서 미디안을 치고 그들을 앞질러 뻗 바라와 요단강에 이르는 수로를 점령하라 하매 이에 에브라임 사람들이 다 모여 뻗 바라와 요단강에 이르는 수로를 점령하고 25 또 미디안의 두 방백 오렙과 스엡을 사로잡아 오렙은 오렙 바위에서 죽이고 스엡은 스엡 포도주 틀에서 죽이고 미디안을 추격하였고 오렙과 스엡의 머리를 요단강 건너편에서 기드온에게 가져왔더라 삿 7:24-25

기드온은 사사시대의 사사입니다. 사사시대에는 모두 열두 사사가 있었는데, 가장 유명한 사사로 삼손과 기드온, 드보라를 들 수 있습니다. 사사시대를 거쳐서 사울과 다윗의 이야기가 전개되는 왕조시대가 펼쳐집니다.

기드온이 사사로 있던 때 미디안이 여러 종족들과 연합군을 이루어 이스라엘에 쳐들어왔습니다. 이때 기드온이 가까이에 있던 스불론과 납달리 같은 서너 지파에만 연락하고 병력을 차출해서 싸웠습니다. 미디안 종족의 우두머리들이 전쟁에 패한 후 도망쳐 들어간 곳이 에브라임 지파의 땅이었습니다. 그들을 추격하라는 기드온의 명령을 듣고 에브라임 지파가 나와 보니 이미 전쟁은 끝난 상태였습니다. 그러자 에브라임은 전쟁이 시작되는 시점에 자신들을 부르지 않았다는 이유로 기드온에게 시비를 겁니다. 자신들과 의논하지 않고 전쟁을 시작한 것부터 괘씸하게 여긴 것입니다.

일이 잘되면 그 일에서 제외된 사람들이 서운함을 느낍니다. 잘된 일에 대한 포상에서 자기가 차지할 몫이 없기 때문입니다. 에브라임도 그런 심보입니다. 전쟁에서 승리했으니 전리품이 있을 텐데, 참전하지 않았으니 자기 몫이 별로 없는 겁니다. 그래서 문제를 일으켜 그 몫을 더 챙겨 볼 심산이었습니다.

한 가지 더 주목할 것은 기드온이 므낫세 지파 출신이라는 점입니다. 므낫세는 에브라임의 형이지만 장자권을 빼앗긴 사람입니다. 하지만 그는 그 일로 불평하지 않았습니다. 에서는 야곱에게 장자권을 빼앗긴 뒤 죽이겠다고 덤벼들었지만 므낫세는 불평하지 않고 입을 닫았습니다. 그런데 도리어 장자의 축복을 받은 에브라임 지파가 자주 분노하는 것을 봅니다.

우리는 여기서 므낫세 지파가 분노를 그 자손에게 물려주지 않았음을 주목해야 합니다. 비록 내가 분노해야 하는 합당한 이유가 있다고 하더라도 자손에게 분노를 물려주어야 할 이유는 없습니다. 왜 자녀에게 걸핏하면 불평하고 욕하는 버릇을 물려주겠습니까? 사실 가장 좋은 자산은 관계 자산입니다. 살면서 이웃과 좋은 관계를 맺는 것이 가장 큰 자산입니다. 분노하는 버릇은 그 자본을 부채로 만드는 악습입니다.

이 세상에서 제일 고약한 버릇은 감사할 줄 모르는 것입니다. 그리스도인은 무슨 일이든 감사하는 태도로 인해 남다른 기초 자산을 가진 사람들입니다. 만약에 불평하거나 남을 비난하는 버릇이 있다면 어떤 일을 시작하기 전에 고쳐야 합니다.

에브라임 지파가 불평하고 화를 냈지만 므낫세 지파의 기드온은 맞서 싸우지 않습니다. 그동안 쌓인 분노가 많을 텐데도 폭발하지 않습니다. 대신에 좋은 말로 타이릅니다. "정말 큰일을 해 줘서 고맙다, 잘했다"고 치사해 준 겁니다. 아마 에브라임 지파에게 어느 지파보다 많은 전리품을 안겨줬을 겁니다.

므낫세 지파의 기드온은 말 한마디로 모든 불평을 무마했습니다. "내가 이제 행한 일이 당신들이 한 일에 비교가 되겠습니까? 에브라임의 끝물 포도가 아비에셀의 맏물 포도보다 낫지 않습니까?" 만일 기드온이 에브라임 지파의 턱없는 주장과 요구에 분노해서 맞서 싸웠다면 동족끼리, 그것도 형제 지파끼리 전쟁을 벌였을 지도 모릅니다. 이렇듯 남의 분노를 자극하지 않는 말 한마디가 천 명 만 명의 군사보다 더 큰 힘을 발휘합니다.

> 유순한 대답은 분노를 쉽게 하여도 과격한 말은 노를 격동하느니라 잠 15:1

그리스도인은 유순한 말, 온유한 말, 부드러운 말로 사람들의 화를 가라앉히는 소명을 받았습니다. 주님이 우리에게 먼저 화평케 하는 자의 복을 주셨고 화평케 해야 할 역할을 맡기셨습니다. 우리가 분노에 휩싸인 이 시대를 살면서 마땅히 감당해야 할 사명이 여기에 있습니다. 언제 어디서든지 말 한마디로 다른 사람의 화를 격동시킬 수도 있고 그 화를 누그러뜨릴 수도 있습니다. 그리스도인의 말 한마디가 지니는 권세야말로 하나님이 자녀들에게 주신 가장 놀라운 선물입니다.

> 노하기를 더디하는 자는 용사보다 낫고 자기의 마음을 다스리는 자는 성을 빼앗는 자보다 나으니라 잠 16:32

기드온은 노하기를 더디하고 자기 마음을 다스린 사람입니다. 부자가 되려면 돈을 많이 버는 것도 필요하지만 번 돈을 잘

저축하는 것이 중요합니다. 외부에서 많이 얻어 오는 것도 중요하지만 내 것을 쏟아 버리지 않도록 지키는 것도 중요합니다. 기드온은 에브라임 지파를 다독여서 얻은 것을 쏟아 버리지 않게 잘 지켰습니다. 만일 그렇지 않았다면 골육상쟁의 비극이 벌어졌을지도 모릅니다.

에브라임 지파는 불평하고 분노하는 버릇 때문에 나중에 혼이 나게 됩니다. 화를 잘 내는 사람은 반드시 그 버릇을 손봐 줄 임자를 만나게 마련입니다. 입다가 바로 그 임자입니다.

입다는 갓 지파 출신의 사사입니다. 갓 지파도 설움이 많은 지파입니다. 사사기 12장에서 에브라임 지파가 똑같은 문제로 불평하는 장면이 나옵니다.

> 에브라임 사람들이 모여 북쪽으로 가서 입다에게 이르되 네가 암몬 자손과 싸우러 건너갈 때에 어찌하여 우리를 불러 너와 함께 가게 하지 아니하였느냐 우리가 반드시 너와 네 집을 불사르리라 삿 12:1

에브라임 지파의 버릇이 또 나왔습니다. 하지만 입다는 기드온이 아닙니다. 입다는 유순한 기드온과 달리 성정이 거친 편이어서 이 일을 그냥 넘기지 않았습니다.

2 입다가 그들에게 이르되 나와 내 백성이 암몬 자손과 크게 싸울 때에 내가 너희를 부르되 너희가 나를 그들의 손에서 구원하지 아니한 고로 3 나는 너희가 도와주지 아니하는 것을 보고 내 목숨을 돌보지 아니하고 건너가서 암몬 자손을 쳤더니 여호와께서 그들을 내 손에 넘겨 주셨거늘 너희가 어찌하여 오늘 내게 올라와서 나와 더불어 싸우고자 하느냐 하니라 4 입다가 길르앗 사람을 다 모으고 에브라임과 싸웠으며 … 길르앗 사람이 그에게 묻기를 네가 에브라임 사람이냐 하여 그가 만일 아니라 하면 6 그에게 이르기를 쉽볼렛이라 발음하라 하여 에브라임 사람이 그렇게 바로 말하지 못하고 십볼렛이라 발음하면 길르앗 사람이 곧 그를 잡아서 요단강 나루턱에서 죽였더라 그때에 에브라임 사람의 죽은 자가 사만 이천 명이었더라 삿 12:2-6

결국 두 지파 사이에 전쟁이 일어났습니다. 이 내전으로 에브라임 사람 4만 2000명이 죽었다고 합니다. 그런데 그 과정이 재밌습니다. 동족이다 보니 누가 어느 지파 사람인지 가리기 힘들자, 에브라임 사람들이 발음하지 못하는 '쉽볼렛'을 말하게 해서 정확히 말하지 못하고 '십볼렛'이라 하면 그 자리에서 죽인 것입니다. 에브라임 지파는 분노하는 버릇, 불평하는 버릇을 고

치지 못해서 이처럼 대량학살의 피해자가 되고 말았습니다.

분노에는 의로운 분노가 있습니다. 사회적인 약자가 억울한 일을 당할 때 우리는 분노해야 합니다. 의로운 분노는 사회 정의를 목표로 합니다. 하지만 알량한 자존심 때문에 분노하는 것은 버릇이 되기 쉽고 그러면 나중에 손봐 주는 임자를 만날 수밖에 없습니다. SNS 시대가 가져온 분노는 심각한 수준입니다. 익명을 이용한 댓글이 얼마나 많은 사람들을 격동시키는지 모릅니다. 누군가 욕 한마디를 하면 수백 수천 개의 댓글이 그 비난에 동조합니다. 이런 문화를 다음 세대에게 물려주는 것이 과연 바람직한 일일까요? 어느 누구라도 바르게 깨어있지 않으면 이 분노의 물결에 휩쓸리고 말 것입니다.

분노의 대물림을
끊으려면

특히 국민을 분노하게 하는 지도자를 조심하십시오. 국민을 화나게 하는 사람은 지도자가 될 수 없습니다. 지도자란 공동체 안에서 화해를 가져오는 사람, 분쟁하는 사람을 화합케 하는 사람, 싸움을 중재하는 사람입니다.

인류 역사를 보면 이념과 사상을 핑계로 분노를 일으켜서 수많은 사람이 희생당했습니다. 종교도 마찬가지입니다. 종교 지도자들이 분노를 격동시켜 서로 죽고 죽이게 한 일이 얼마나 많았는지 모릅니다. 기독교가 일으킨 종교전쟁으로 적어도 6500만 명이 죽임을 당했습니다. 자칫 잘못 판단하면 이념이든 사상이든 종교든 어느 것이든 겉잡을 수 없는 광기가 될 수 있습니다. 이 세상의 본질은 언제나 어둠이고 혼돈이고 무질서입니다. 그리고 그 분노는 그 세상의 본질을 날마다 악화시킬 뿐입니다.

> 3 아무 일에든지 다툼이나 허영으로 하지 말고 오직 겸손한 마음으로 각각 자기보다 남을 낫게 여기고 4 각각 자기 일을 돌볼뿐더러 또한 각각 다른 사람들의 일을 돌보아 나의 기쁨을 충만하게 하라 빌 2:3-4

광기에 휩쓸리지 않을 방도가 여기에 있습니다. 겸손한 마음으로 남을 낮게 여기는 것입니다. 다른 사람을 돌봄으로써 기쁨을 충만하게 하는 것입니다.

예수님은 집단적인 분노를 일으키는 분이 아니었습니다. 도리어 집단적인 광기를 가라앉히셨습니다. 간음하다가 현장에서 붙잡힌 여인을 돌로 쳐 죽이려는 사람들의 광기를 "너희 중에 죄 없는 자가 있으면 돌로 치라"는 말 한마디로 가라앉히셨습니다. 십자가에 못 박으라는 군중의 광기에 침묵으로 맞서던 분이었습니다. 예수님은 집단적인 분노에 침묵으로 대응함으로써 BC와 AD를 나누는 새 역사를 쓰셨습니다.

우리가 예수님처럼 침묵으로 이 시대의 광기에 맞설 때 곳곳에 들불처럼 번지는 분노의 광기도 사그라들 수 있을 것입니다. 우리가 죄 없어도 묵묵히 침묵할 때 사람들은 두 손에 들었던 돌을 내려놓고 조용히 발길을 돌리게 될 것입니다. 우리가 이와 같은 기적 같은 일을 경험하도록 하는 것이 아버지의 꿈입니다.

아르헨티나와 칠레의 국경에 위치한 해발 3832m의 우스파야타 고개에는 예수님 동상이 하나 있습니다. '안데스의 예수님상'이라고 불리는 이 청동상은 양국의 국경 분쟁이 평화롭게 타결된 것을 기념하여 1904년에 제작되었습니다. 지형과 여러 가지 조건들을 따지다 보니 동상이 자연스레 아르헨티나 쪽을 바라보게 되었습니다. 그러자 칠레 사람들 사이에서 "왜 우리에게 등을 돌리고 있어? 저들에게만 예수님의 축복이 임하라는 거야?" 하며 불만의 목소리가 새어 나왔습니다.

칠레 사람들의 원성이 커지자 양국 간 화해의 분위기에도 차츰 금이 가기 시작했습니다. 이때 어느 신문사의 편집국장이 사설을 썼는데, 다행히 그 글로 인해 이 소동이 일순 잠재워졌다고 합니다. 그는 예수님상이 칠레에 등을 돌린 이유를 이렇게 풀이했습니다.

"예수님상이 아르헨티나 쪽을 향하고 있는 것은 그 나라가 아직 더 많이 돌봐줘야 할 곳이기 때문이다."

칠레의 진정한 지도자는 누구입니까? 온 국민을 분노로 들 끓게 한 정치인들입니까? 들끓는 적개심을 잠재운 편집국장입 니까?

그리스도인은 위의 편집국장과 같은 사람이 되어야 합니다. 직장에서, 교회에서, 학교에서 무슨 일이 일어나든 분노에 불을 지르는 사람이 아니라 깊은 통찰력으로 분노를 가라앉히는 사 람이 되어야 합니다. 더 나아가 이 시대의 광기를 멈추는 희생양 이 될 것을 각오해야 합니다. 어쩌면 순교의 피를 흘리고도 광기 가 멈춰지지 않을지도 모릅니다. 4만 2000명의 에브라임 지파가 희생되고서야 내전이 끝난 것처럼 말입니다.

진정한 분노는 모든 광기에 분노하는 것입니다. 인류 역사 에서 얼마나 많은 광기의 역사가 있었습니까? 지금도 광기의 역 사는 계속되고 있습니다. 하나님은 이 광기에 분노하는 사람을 찾고 계십니다. 누가 저 들끓는 분노의 땅에 갈꼬, 누가 가서 십 자가를 질꼬 하며 우리를 부르십니다.

며칠 전 아프리카 우간다에서 온 목회자를 만났는데 그분 의 말이 참 충격적이었습니다. "이렇게 잘사는 나라에서 살면서 한국인들은 어째서 그렇게 불평이 많습니까? 이미 가진 것이 많아 나누기도 바쁠 텐데 어째서 더 갖겠다고 싸웁니까?" 에브라임의 교만과 탐욕이 우리 안에 있습니다. 에브라임의 불평과 불만이 우리 안에서 대물림되고 있습니다. 임자를 만나면 수많은 사람이 상하게 될 것입니다. 그 전에 회개하지 않고 감사를 회복하지 못한다면 결과는 비극적일 것입니다. 지금 우리는 무엇을 해야 합니까? 세상의 그늘진 곳을 찾아가 약자를 돌보고 하나님의 공의가 이 땅에 강처럼 흐르게 해야 합니다. 분노를 잠잠케 하지 않으면 머지않아 분노의 불길이 세상을 삼키는 것을 보게 될 것입니다.

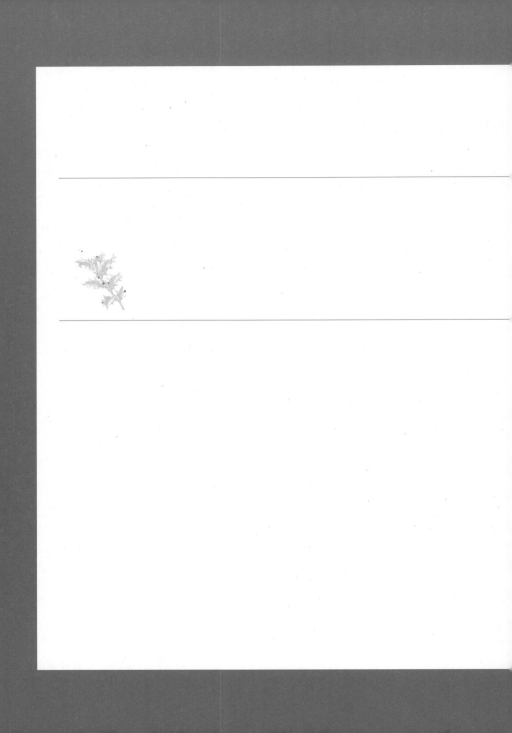

8

한 사람의 분노가
공동체를
망가뜨린다

삼손의 분노

분노가
나라로 번지고 있다

삼손과 들릴라 이야기는 믿지 않는 사람들도 잘 아는 유명한 이야기입니다. 삼손은 '태양'이라는 뜻으로 '태양처럼 빛난다'는 의미입니다. 삼손은 날 때부터 나실인이었습니다. 슬하에 자식이 없던 아버지 마노아에게 어느 날 하나님의 사자가 나타나서 아들이 있을 것이라는 소식을 전합니다. 그리고 이 아들을 나실인으로 키워야 한다는 명령을 듣습니다.

나실인은 하나님께 드려진 사람으로, 독주를 입에 대서도 안 되고 머리털을 잘라서도 안 됐습니다. 시체를 비롯한 부정한 것을 만져서도 안 되고 부정한 음식을 먹어서도 안 됩니다. 한마디로 하나님 앞에 구별된 삶, 성별된 삶, 거룩한 삶을 살아야 했습니다.

하지만 삼손은 자라면서 나실인의 의무를 지키지 않습니다. 사실 나실인의 삶은 아버지가 서원한 것이지 삼손이 스스로 약속한 것이 아닙니다. 해서는 안 되는 일이 너무 많은 나실인의 삶은 스스로 자원해서 결단한다고 하더라도 쉽지 않습니다.

어느 날, 삼손이 길을 가다가 사자를 만나자 그 사자를 찢어 죽였습니다. 며칠 후 죽인 사자 곁을 지나다 거기에 벌들이 꿀을 날라다 놓은 것을 보고 그 꿀을 찍어 먹었습니다. 나실인은 부정한 시체를 만지면 안 되는데 삼손은 거리낌이 없습니다. 심지어 그 꿀을 부모에게 갖다 주기까지 합니다. 그런데 이보다 더 큰일은 여자 문제였습니다. 삼손의 가장 큰 약점이었습니다. 여자 문제만으로도 심각한데 당시 이스라엘의 가장 큰 적국인 블레셋 여인들에게만 자꾸 관심을 보입니다.

그러던 어느 날 삼손은 딤나라는 곳에 갔다가 그곳 여인과 결혼을 합니다. 삼손의 부모는 펄쩍 뛰며 반대했지만, 자식 이기는 부모 없다고 결국 두 손을 들고 맙니다. 나실인으로 서약한 아들이 블레셋 여인과 결혼한다니 기가 막힐 노릇이지만 막을 방도가 없었습니다.

당시 결혼을 하면 신랑이 신부 집에 가서 일주일 동안 잔치를 벌였습니다. 삼손은 혼자 신부 집에 갔기 때문에 블레셋 남자 30명을 불러서 신랑의 들러리로 세웠습니다. 잔치가 무르익자, 삼손이 들러리 노릇을 한 이 30명의 블레셋 남자들에게 수수께끼를 냅니다. 그들이 답을 맞히면 베옷 30벌과 겉옷 30벌을 선물로 주겠지만, 그들이 못 맞히면 반대로 자신에게 베옷과 겉옷을 30벌씩 달라고 요구합니다.

먹는 자에게서 먹는 것이 나오고 강한 자에게서 단 것이 나왔느니라 삿 14:4

삼손이 사자를 찢고 거기서 꿀을 먹은 것을 수수께끼로 낸 것입니다. 누가 이런 문제를 맞힐 수 있겠습니까? 블레셋 청년 들이 머리를 모아 봤지만 도무지 답을 찾지 못합니다. 이 청년들은 삼손의 신부를 들들 볶아 답을 알아 오라고 강청합니다. 신부가 일주일을 조르고 졸라서 마침내 삼손에게 답을 알아내 그들에게 알려 주었고, 청년들이 정답을 말했습니다. 그러자 삼손은 "너희가 내 암송아지로 밭 갈지 아니하였더라면 내 수수께끼를 풀지 못하였을 것"이라고 대꾸합니다. 삼손은 억누를 수 없는 분노에 사로잡혔지만 약속대로 아스글론이라는 마을로 가 30명을 죽이고 옷을 빼앗아 청년들에게 나눠주고는 집으로 돌아가버립니다. 신부의 아버지는 파혼된 줄로 짐작하고 삼손의 신부를 블레셋 남자 중 한 사람에게 줍니다.

엎친 데 덮친 격으로 집으로 돌아갔던 삼손이 마음을 고쳐먹고 신부를 데리러 왔습니다. 당황한 신부 아버지가 큰 딸 대신 작은 딸을 주겠다고 삼손을 회유했지만 이미 삼손의 분노는 활화산처럼 폭발했습니다. 삼손은 여우 300마리를 잡아서 두 마리씩 꼬리를 묶고 불을 붙여서는 추수를 앞둔 밀밭에 풀어놓습니다. 꼬리에 불이 붙은 여우가 얼마나 뛰어다녔겠습니까? 마을의 밀밭뿐 아니라 포도밭과 감람나무까지 다 태워 버렸습니다. 아마도 마을 전체가 불길에 휩싸였을 것입니다. 정말 듣도 보도 못한 사건이 벌어졌습니다.

블레셋이 발칵 뒤집혔습니다. 도대체 이 희대의 방화범이 누구냐며 혈안이 되어 찾아다녔습니다. 그렇게 추적한 결과 딤 나에서 벌어진 사건이 알려지게 되었고, 마을 사람들은 삼손의 신부와 그의 장인을 불에 태워 죽입니다. 방화범인 삼손을 대신해 신부와 장인에게 그 책임을 물은 것입니다. 분이 삭지 않은 블레셋 사람들이 유대로 몰려가 삼손을 내놓으라고 으름장을 놓습니다. 삼손의 분노가 나라 전체의 불길로 번진 것입니다.

유대 사람들이 겁에 질려 삼손에게 "너를 블레셋에 넘겨줘야 나라가 평안하고 백성이 무사할 것"이라고 설득합니다. 유대 사람들의 설득과 애걸을 이기지 못한 삼손이 스스로 결박된 채 블레셋 사람들 손길에 넘겨집니다. 유대 백성이 참 비겁합니다. 위험에 처한 동족을 도와주지는 못할망정 도리어 사지로 몰아넣고 있습니다.

이때부터 삼손의 활극이 펼쳐집니다. 결박한 밧줄을 힘으로 끊고 나귀 뼈다귀 하나를 주워서 블레셋 사람 천 명을 죽입니다. 정말 믿기 어려운 삼손의 활약상이 이 일대를 휩쓸고 지나갑니다.

이 일의 발단이 무엇입니까? 삼손이 하지 말아야 할 결혼을 한 것이 첫 번째 화근이었습니다. 관심을 보이지 말아야 할 이방 여인에게 마음을 두게 된 것이 문제였습니다. 그런데 성경은 단

순히 삼손의 정욕만이 사건의 발단이 아니라고 기록합니다.

> 그때에 블레셋 사람이 이스라엘을 다스린 까닭에 삼손이 틈
> 을 타서 블레셋 사람을 치려 함이었으나 그의 부모는 이 일
> 이 여호와께로부터 나온 것인 줄은 알지 못하였더라 삿 14:4

이 일에 하나님의 뜻이 있다는 겁니다. 알쏭달쏭한 구절이
아닐 수 없습니다. 삼손의 분노가 블레셋을 응징하기 위한 하나
님의 계획이란 말입니까? 그렇다면 삼손의 분노는 정당하다는
뜻일까요?

어쨌든 천 명이 죽임을 당하고 나서 이 사건은 일단락되었
습니다. 그런데 문제는 삼손의 계속되는 여성 편력입니다. 이렇
게 큰 사고를 겪고서 또 블레셋의 기생을 찾아갑니다. 이때도 삼
손의 기행이 계속되는데, 그가 가사에 있다는 소문을 듣고 블레
셋 사람들이 잡으러 오자 성문을 뿌리째 뽑아서 산꼭대기에 갖
다 놓은 겁니다. 남대문 하나를 번쩍 들어다 남산에 올려 둔 셈
입니다.

이 일이 있고 나서 마침내 들릴라가 등장합니다. 들릴라는
처음부터 돈을 목적으로 삼손에게 접근했습니다. 블레셋 방백들
에게서 은 천백 개씩을 받기로 약속을 받고 삼손의 어마어마한

힘의 비밀을 캐기로 한 것입니다. 밤마다 들릴라가 삼손에게 그 비밀을 알려 달라고 조릅니다. 하도 졸라 대니까 삼손이 '활줄로 묶으면 된다, 밧줄로 묶으면 된다, 머리카락을 베틀에다 실로 짜면 된다…' 라며 사실과 다르게 대답해 줍니다. 세 번이나 속고 나자 들릴라가 더 집요하게 삼손을 괴롭힙니다. 삼손이 그로 인해 죽을 만큼 괴로웠다고 성경은 말하고 있습니다.

그렇게 괴로우면 떠나면 그만 아닙니까? 들릴라가 어떤 의도를 가지고 있는지 빤히 알면서도 삼손은 왜 들릴라 곁에서 떠나지 않았을까요? 이것이 삼손의 치명적인 약점이었기 때문입니다. 그렇게 괴롭힘을 당하면서도 들릴라를 떠나지 못합니다.

결국 삼손은 비밀을 털어놓습니다. "나는 머리카락을 자르면 힘을 못 써." 결국 삼손은 결박되어 두 눈이 뽑히고 온갖 수모와 조롱을 당합니다.

그런데 삼손은 어째서 여자들한테는 분노하지 않았을까요? 그렇게 괴롭힘을 당하면서도 왜 삼손은 여자한테 복수를 하지 않는 걸까요? 삼손의 이 같은 심리를 심리학자들은 '삼손 콤플렉스'라고 부릅니다. 삼손 콤플렉스는 사람들, 특히 여성에게 지속적으로 거절과 배신을 당하고, 이로 인해 극심한 분노를 느껴 다른 사람들에게 충동적, 공격적으로 행동하는 것을 말합니다. 만약 다른 사람들에게 분노를 쏟아 내지 못하면 그 화살이 자신

에게 돌려져 자신을 죽이는 데까지 이르게 된다고 합니다. 분노
의 양날입니다.

기도로 분노를
제어하라

경찰청 통계에 따르면 최근 5년간 데이트 폭력 혐의로 입건
되는 사람이 평균 8천 명에 이르며, 데이트 폭력으로 목숨을 잃
은 사람은 평균 46명에 달한다고 합니다. 통계가 그렇다는 것이
니 현실은 이보다 더 많다고 봐야 할 것입니다. 정말 심각합니
다. 사랑이 증오로 변하는 이 비정상적인 사랑의 행태는 우리가
간과해선 안 될 분노의 희생입니다.

삼손은 요즘 사람들이 말하는 분노조절장애 증세를 보입니
다. 데이트 폭력을 감행하는 사람들도 마찬가지로 분노조절장애
를 갖고 있습니다. 그런데 삼손은 마지막 순간에 분노를 조절하
는 방법을 터득합니다. 바로 기도입니다. 죽음이 코앞에 이르자
나실인으로 구별된 삶을 살라는 명령을 밥 먹듯이 어기던 삼손
이 하나님께 무릎을 꿇습니다. 그리고 자신이 아닌 이스라엘을
위한 기도를 합니다.

그의 마지막은 그의 기도대로 이스라엘을 위한 죽음이 되
었습니다. 두 손이 묶인 기둥을 뽑아 버림으로써 거기에 있던

3천 명이 무너져 내린 건물 더미에 깔려 죽게 된 것입니다. 성경은 그가 살아서 죽인 블레셋 사람보다 죽어서 죽인 블레셋 사람이 더 많았다고 기록하고 있습니다.

삼손은 20년간 이스라엘의 사사로 있었지만, 어느 누구한테도 인정받지 못했습니다. 무시무시한 힘을 소유한 그를 두려워했을 뿐 누구도 존경하지 않았습니다. 그래서 한편으로 삼손은 그 힘과 능력에 비해 너무나 인정받지 못한 사사가 되고 말았습니다. 어쩌면 자기 의사와 상관없이 강요된 나실인의 삶이 삼손에게 채워지지 않는 목마름을 주었을 것입니다. 더구나 세상이 나실인에게 기대하는 부담 때문에 삼손은 더 많은 일탈을 구했을 것입니다. 금기가 많은 삶은 자칫 분노가 쌓이기 십상입니다. 삼손의 비정상적인 여성 편력은 해소할 수 없는 그의 분노가 찾은 엉뚱한 답이었을 것입니다.

삼손의 생애를 보면서 혹시 우리 사회에 터질 것처럼 쌓여 있는 분노가 느껴집니까? 데이트 폭력이 그토록 심각하다면, 이 분노조절장애자들이 이성과의 관계뿐만 아니라 가정이나 회사에서는 멀쩡하게 생활할 수 있을까요? 또 그들을 그렇게 방치한다면 과연 이 사회가 온전하겠습니까?

우리가 삼손의 이야기에서 배울 것은 한 가지입니다. 화가 날 때 찾아야 할 기도의 자리가 있어야 한다는 것입니다. 나실인 삼손이 일찌감치 하나님께 기도하는 무릎을 가졌다면 이런 비극적인 결말은 일어나지 않았을 것입니다.

또한 연정을 품지 말아야 할 사람에게 마음을 품지 말아야 합니다. 이상한 성적 충동에 사로잡힐 때 자신의 힘으로 이겨낼 수 있는 사람은 없습니다. 청년이 과연 무엇으로 행실을 지키겠습니까? 하나님께 매달리지 않고 어디서 그런 힘을 얻을 수 있겠습니까? 내가 억제할 수 없는 충동은 흔히 분노를 일으키고, 가지 말아야 할 곳, 넘지 말아야 할 선을 무시하면 반드시 조절이 불가능한 분노에 사로잡힙니다.

다윗의 맏아들인 암논이 넘지 말아야 할 선을 넘었다가 처참한 죽임을 당했습니다. 이복 여동생인 다말을 사랑하여 겁탈을 한 것입니다. 그런데 막상 일을 저지르고 난 후에는 자신 안에 불일 듯 일어나는 분노를 어찌하지 못한 채 다말을 집에서 쫓아 버립니다. 겁탈당한 것도 말할 수 없이 수치스러운 일인데 창녀 취급을 당하며 집에서 쫓겨나간 다말은 얼마나 분노했을까요? 여동생 다말의 사건 경위를 알게 된 오빠 압살롬의 분노는 하늘을 찌릅니다. 압살롬은 이 분노를 가슴에 품고 때를 기다렸다가 기어이 이복 형 암논을 살해합니다. 집안 전체가 그야말로 쑥대밭이 되었습니다. 방치된 분노의 대폭발입니다. 인간 내면에서 일렁이는 분노를 다스리는 것은 오직 한 가지입니다.

한 사람의 분노가 공동체를 망가뜨린다 |

사랑은 모든 분노를 녹입니다. 그러나 그 사랑이 가족 안에 충분히 흐르지 않을 때 자녀 안에 분노가 쌓이고 시간이 갈수록 그 분노는 증폭되어 결국 누구도 손쓸 수 없는 문제로까지 비화합니다. 가정 안의 사랑 결핍증은 오늘날 우리 사회가 겪는 모든 문제의 뿌리와 같습니다. 사랑이 아닌 것을 목말라하고 사랑의 대체재를 갈망하는 모든 원인이 사랑 결핍에서 옵니다.

슬프게도 사랑 아닌 것들을 탐하다가 일으키는 충동적인 욕구들이 엄청난 비극을 초래하고 있습니다. 세상은 충동을 끝없이 부채질합니다. 디지털 미디어가 만든 가상 공간은 음란과 폭력의 바다와 같고 분노와 투쟁의 광장과 같습니다. 그리스도인은 이 음란의 시대, 폭력의 시대, 분노의 시대에 어떻게 구별되어서 거룩하고 깨끗한 삶을 살 수 있을까요? 우리 자녀들을 어떻게 이 탁류로부터 지킬 수 있을까요? 말씀과 기도 외에 우리에게 무슨 방도가 있겠습니까? 우리가 날마다 싸우고 있는 이 끔찍한 영적 전쟁에서 불 같은 성령의 능력 외에 무엇으로 이 싸움을 이길 수 있습니까?

9

진리를 위한
분노는
크리스천의 임무다

세례 요한의 분노

긍휼한 마음으로
분노하라

가스의 폭발력은 엄청납니다. 그래서 우리는 이 강한 폭발력을 이용해 화력으로 사용합니다. 그러나 밸브로 잘 조절하지 않으면 큰 사고를 당할 수 있습니다. 분노도 폭발력이 강력합니다. 잘 조절하지 않으면 크게 다칠 수 있습니다. 분노를 조절하는 밸브가 고장난 것을 우리는 분노조절장애라고 부릅니다. 뜻밖에도 우리 주변엔 분노 밸브가 고장난 사람이 많아서 우리의 가정이, 직장이, 사회가 위험합니다. 각종 폭력과 테러가 점점 더 심각해지고 있습니다.

분노는 자연스러운 감정 중 하나입니다. 성경은 분노에 사로잡히면 매우 위험하다고 가르치고 있습니다. 그러나 한편으로는 마땅히 분노해야 할 때 분노할 줄 알아야 한다고도 가르칩니다. 세례 요한은 마땅히 분노해야 할 때 분노한 담대한 사람입니다.

세례 요한은 구약과 신약을 잇는 징검다리와 같은 인물입니다. 예수님이 여시는 신약을 예비한 사람입니다. 성경에는 그가 분노했다는 직접적인 표현은 없지만 전후 맥락이나 그의 말을 보면 어딘가에 화가 많이 난 사람이라는 걸 알 수 있습니다. 과연 세례 요한은 왜 그렇게 화가 난 걸까요?

1 그때에 세례 요한이 이르러 유대 광야에서 전파하여 말하되 2 회개하라 천국이 가까이 왔느니라 하였으니 마 3:1-2

세례 요한은 유대 광야에서 "회개하라 천국이 가까이 왔다"는 메시지를 전하기 시작했습니다. 예수님의 첫 번째 메시지도 "회개하라 천국이 가까이 왔다"입니다. 회개란 무엇입니까? 가던 길을 돌이킨다는 의미입니다. 유턴하는 겁니다.

세례 요한이 반복해서 "회개하라"고 한 이유가 있습니다. 첫째, 이스라엘 백성이 좇는 길이 잘못되었다는 믿음 때문입니다. 둘째, 그들이 잘못 가는 것에 대한 안타까운 마음 때문입니다. 셋째, 잘못된 길로 이끄는 사람, 혹은 잘못 가는 줄 알면서도 침묵하는 사람에 대한 분노 때문입니다.

사춘기 자녀를 키워 본 사람이라면 세례 요한의 이 마음을 이해할 수 있습니다. 사춘기 자녀는 가라는 길은 안 가고 가지 말라는 길만 골라서 갑니다. 부모의 말이라면 무조건 부정하고 봅니다. 이때 부모의 마음이 이렇습니다. 자녀가 고집부리는 그 길이 잘못됐다는 믿음 때문에 안타깝고 그런 길로 이끄는 친구들한테 화가 납니다.

그러므로 "회개하라"는 긍휼과 분노가 동시에 담긴 말입니다. 오늘날에도 세례 요한과 같이 교회가 잘못 가고 있는 것에 대해 안타까워서 분노하는 그리스도인들이 있습니다.

"회개하라 천국이 가까이 왔다"는 무슨 뜻일까요? 천국은 지금 가는 길을 돌이켜야 갈 수 있다는 의미입니다. 그런데 당시 이스라엘에서 이 발언은 대단히 위험했습니다. 이스라엘 백성은 누구보다 하나님을 잘 섬긴다고 믿었고 그러기 위해 온 힘을 다하던 사람들입니다. 그들은 그렇게 섬기는 것이 하나님께 더 가까이 가는 길이라고 믿었습니다. 그런 사람들에게 세례 요한은 지금 당신들이 천국과 상관없는 삶을 살고 있다고 말하고 있습니다. 그들의 신앙 전체를 부정하는 선언과 다를 바 없습니다. 세례 요한이 이 말을 몰랐을 리 없습니다. 그럼에도 "회개하라 천국이 가까이 왔다"고 말한 것은 그만큼 그의 마음에 긍휼과 분노가 차 올랐기 때문입니다.

> 3 그는 선지자 이사야를 통하여 말씀하신 자라 일렀으되 광야에 외치는 자의 소리가 있어 이르되 너희는 주의 길을 준비하라 그가 오실 길을 곧게 하라 하였느니라 4 이 요한은 낙타털 옷을 입고 허리에 가죽 띠를 띠고 음식은 메뚜기와 석청이었더라 마 3:3-4

요한이 메뚜기와 석청을 먹었다고 하니까 건강식만 먹었다고 말하는 사람들이 있습니다. 하지만 그것은 웰빙이 중요한 시대를 살아가는 현재적 관점일 뿐입니다. 요한은 에세네파 사람이었습니다. 이스라엘 염해 옆에 쿰란 동굴이 있는데, 거기서 성경 사본이 다수 발견된 것으로 보아, 그곳이 에세네파의 거점이 아니었을까 학자들은 추론합니다. 에세네파는 도시 생활과 거리가 먼 동굴 생활을 하면서 메뚜기와 석청으로 끼니를 때우는 금욕주의적인 삶을 살았습니다. 따라서 메뚜기와 석청은 건강식이 아니라 매우 검박한 생활의 상징이라 할 수 있습니다.

> 5 이때에 예루살렘과 온 유대와 요단강 사방에서 다 그에게 나아와 6 자기들의 죄를 자복하고 요단강에서 그에게 세례를 받더니 마 3:5-6

그런데 놀랍게도 이스라엘 백성이 그에게 나와 회개를 하고 세례를 받았습니다. 자신들의 신앙과 삶을 송두리째 부정하는 그의 메시지에 동의했다는 겁니다. 이 단순한 메시지를 듣고 이스라엘 백성이 자기 삶과 신앙을 돌이켰다는 겁니다.

하나님의 메시지는 복잡하지 않습니다. 이것 하나로 충분합니다. 구원이란 죽음의 길에서 생명의 길로 돌이키는 것입니다. 구원 받으려면 먼저 회개해야 합니다. 그러니 내가 가던 길을 열심히 가기 위해서 교회를 다닌다고 한다면 구원에서 점점 멀어지고 있는 것과 같습니다.

> 요한이 많은 바리새인들과 사두개인들이 세례 베푸는 데로 오는 것을 보고 이르되 독사의 자식들아 누가 너희를 가르쳐 임박한 진노를 피하라 하더냐 마 3:7

요한은 바리새인과 사두개인들이 세례를 받고자 자신에게 오는 것을 보고 화가 머리끝까지 났습니다. 바리새인과 사두개인은 당시 이스라엘의 종교 지도자들로 유대교의 종교 시스템을 떠받치는 양대 산맥과도 같았습니다. 하나님 전문가로서 성전과 제사 제도를 유지하고 장려하던 사람들입니다. 그런 사람들이 요한에게 나아왔습니다. 그러자 요한이 그들에게 대뜸 "독사의 자식아"라고 욕을 합니다. 당시로서는 그 어떤 비난의 말보다도 더 심한 욕입니다.

어느 누가 바리새인과 사두개인한테 욕을 할 수 있단 말입니까? 금욕주의적인 삶을 산 세례 요한이 그런 험한 말을 입에 아무렇지도 않은 듯이 올릴 수 있는 사람도 아니지 않습니까? 도대체 세례 요한이 그들에게 얼마나 분노하고 있었으면 그렇게 심한 말을 쏟아냈을까요? 예수님도 바리새인과 사두개인들한테 "독사의 자식아"라고 욕하셨습니다. 저주하셨습니다. 세례 요한의 분노와 예수님의 분노는 같은 것입니다.

지위고하를 막론하는
용감한 분노

세례 요한과 예수님은 왜 이들에게 분노했을까요? 그들이 이스라엘 백성의 영혼을 빼앗아 가는 도둑이었기 때문입니다. 육체적인 상해를 입으면 병원에 가서 치료하면 됩니다. 물질을 도둑 맞으면 변상을 받거나 다시 사면 됩니다. 하지만 영혼을 도둑 맞는 건 차원이 다른 얘기입니다. 영원히 생명을 잃는 것이나 마찬가지입니다. 영혼을 빼앗긴다는 것은 살아도 죽은 목숨이 되는 것입니다. 그래서 신앙생활이 조심스럽습니다. 하나님의 말씀을 듣고도 따르지 않고 사람의 말을 믿고 따라가면 누구도 안전하지 않습니다. 세례 요한과 예수님이 이들에게 분노한 이유는 이들이 하나님 나라와 상관없는 길로 백성을 미혹했기 때문입니다.

> 8 그러므로 회개에 합당한 열매를 맺고 9 속으로 아브라함이 우리 조상이라고 생각하지 말라 내가 너희에게 이르노니 하나님이 능히 이 돌들로도 아브라함의 자손이 되게 하시리라
>
> 마 3:8-9

아브라함의 자손 중에서도 가장 혈통이 순수하다고 생각하는 이들, 신라시대로 치면 성골이나 진골에 해당하는 이들에게 "너희가 아브라함의 후손이라고 생각하지 말라"고 합니다. 그러면서 "여기 지천에 깔린 돌들로도 아브라함의 자손을 만들 수 있다"고 말합니다. 아마도 이들은 세례 요한의 이 독설을 듣고 거의 실신할 지경이었을 겁니다. 만일 누군가 제게 많은 사람이 모인 자리에서 "이 독사의 자식아, 네가 설교할 수 있다면 돌들도 설교할 거다"라고 말한다면 어떻겠습니까? 세례 요한이 이들에게 얼마나 분노했으면 이렇게 독설을 퍼부어댔겠습니까?

우리는 보통 내 힘에 부치는 윗사람들한테는 종처럼 분노하지 않습니다. 화도 사람 봐 가면서 내야지 아무한테나 냈다간 무슨 봉변을 당할지 모르기 때문입니다. 후환이 두려운 사람한테는 화를 내기 어렵습니다. 반면에 아무런 반박도 하지 못하는 힘없는 사람들한테는 분별하지 않고 화를 냅니다. 그런데 세례 요한은 그런 계산을 염두에 두고 말한 흔적이 없습니다. 그는 한 발 더 나아가 저주를 퍼붓습니다.

10 이미 도끼가 나무뿌리에 놓였으니 좋은 열매를 맺지 아니하는 나무마다 찍혀 불에 던져지리라 11 나는 너희로 회개하게 하기 위하여 물로 세례를 베풀거니와 내 뒤에 오시는 이

는 나보다 능력이 많으시니 나는 그의 신을 들기도 감당하지 못하겠노라 그는 성령과 불로 너희에게 세례를 베푸실 것이요 12 손에 키를 들고 자기의 타작 마당을 정하게 하사 알곡은 모아 곳간에 들이고 쭉정이는 꺼지지 않는 불에 태우시리라 마 3:10-12

"도끼가 나무뿌리에 놓였으니… 찍혀 불에 던져지리라" "쭉정이는 꺼지지 않는 불에 태우시리라"고 말합니다. 그리스도 예수가 오시면 알곡이 누구이고 쭉정이가 누구인지 분명히 드러날 터인데, 너희는 쭉정이라 꺼지지 않는 불에 태워질 것이라는 뜻입니다. 이 정도의 말이라면 목숨을 내놓은 폭언입니다.

그러면서 요한은 자신을 소개하기를, "나는 물로 세례를 주는 사람일 뿐 내 뒤에 오실 분은 불과 성령으로 세례를 주실 것"이라고 말합니다. 세례 요한은 누구보다 자신이 누구인지 잘 알았습니다.

세례 요한은 일생 동안 거침이 없는 행보를 보입니다. 이스라엘의 종교 지도자들인 대제사장과 율법학자, 바리새인과 사두개인에게 이렇듯 거침없이 독설을 내뱉더니 헤롯왕에게도 누구도 하지 못했던 입바른 소리를 합니다. 당시 헤롯왕이 동생 빌립의 아내 헤로디아를 자신의 아내로 맞는 불륜을 저지릅니다. 이를 눈감지 않고 세례 요한이 직접 문제 삼았다가 옥에 갇혔고, 결국 목이 잘려 죽임을 당하게 됩니다.

그러나 세례 요한은 힘없는 사람들에게는 분노하지 않았습니다. 예수님이 공생애를 시작하자 세례 요한에게 세례를 받던 사람들이 예수님께 몰려갔습니다. 심지어 제자들까지 예수님께 가 버립니다. 그러자 남아 있던 제자가 억울하다는 듯이 사람들이 다 예수라는 사람한테 가서 세례를 받는다고 하소연합니다. 이때 세례 요한은 이렇게 말합니다.

> 27 요한이 대답하여 이르되 만일 하늘에서 주신 바 아니면 사람이 아무것도 받을 수 없느니라 28 내가 말한 바 나는 그리스도가 아니요 그의 앞에 보내심을 받은 자라고 한 것을 증언할 자는 너희니라 29 신부를 취하는 자는 신랑이나 서서 신랑의 음성을 듣는 친구가 크게 기뻐하나니 나는 이러한 기쁨으로 충만하였노라 30 그는 흥하여야 하겠고 나는 쇠하여야 하리라 하니라 요 3:27-30

세례 요한은 종교 지도자든 왕이든 지위와 상관없이, 후환을 계산하지 않고 화를 내던 사람입니다. 그런데 제자들조차 그를 떠나 버렸는데도 화를 내지 않습니다. 구원 받겠다고 그렇게 쫓아 다니더니 썰물 빠지듯이 예수님께로 떠난 사람들한테 화를 내지 않습니다. 오히려 그들이 예수님께 가서 세례 받는 것이 너무 기쁘다고 말합니다.

말씀에 근거한
믿음으로 분노하라

세례 요한의 위대한 점이 여기에 있습니다. 그는 시기심이나 질투심, 탐욕으로 인해 분노하지 않았습니다. 그러나 마땅히 분노해야 할 일에는 분노했습니다. 우리와 너무 다르지 않습니까? 우리는 시기심과 질투심에 눈이 멀어 화를 냅니다. 그러나 마땅히 분노해야 할 일에는 대부분 침묵합니다. 세례 요한의 이 같은 힘은 어디서 오는 걸까요?

세례 요한은 자신이 누군지 잘 알았습니다. 그리고 예수님이 어떤 분인지도 누구보다 잘 알았습니다. 이 앎이 그로 하여금 분노해야 할 때와 분노하지 말아야 할 때를 분별하도록 했습니다.

세례 요한은 예수님을 신랑이라고 말합니다. 그리고 신부는 그를 좇는 모든 사람들이라고 말합니다. 자신은 신랑이 신부를 취하는 것을 기뻐하는 친구라고 말하고 있습니다. 얼마나 멋진 표현입니까? 그러면서 그는 영원히 잊혀지지 않는 말을 남깁니다.

"그는 흥하여야 하겠고 나는 쇠하여야 하리라."

예수님은 그에 대해 여자에게서 태어난 사람 중에 그보다 더 위대한 사람이 없다고 평가했습니다. "그는 흥하고 나는 쇠해도 괜찮다. 그는 더 잘되고 나는 더 잘못돼도 괜찮다." 신앙의 본질을 이렇게 표현할 수 있는 사람이 어디 있겠습니까? 예수님께 칭찬 들을 만하지 않습니까?

우리는 내 옆사람이 더 잘되고 내가 더 잘못돼도 괜찮다고 생각하려고 최소한의 노력이라도 하는 사람이 되어야 합니다. 왜냐하면 그 태도야말로 '그리스도인 다움'이기 때문입니다.

마틴 루터가 종교개혁을 일으킨 것도 중세 교회가 성경에 무지한 무리를 현혹해 그 영혼을 도둑질했기 때문입니다. 우리는 마땅히 분노할 일이 무엇인지 세례 요한에게서, 마틴 루터에게서 배우게 됩니다. 사람들의 영혼이 누군가에 의해 피폐해지고 있다면 분노해야 합니다. 그 영혼을 도둑질한 그 누군가로부터 다시 되찾아오기 위해서 분노해야 합니다.

이 분노는 하나님에게서 비롯된 믿음과 말씀에 근거한 믿음에서 비롯된 것입니다. 이 분노는 하나님의 마음을 품고 바라볼 때 마음 속에서 솟아나는 긍휼의 마음과 다르지 않습니다. 나에게서 비롯된 믿음을 가지고 나를 위해 분노한다면 그것은 사람을 해하는 독이 됩니다. 우리는 분노할 때 이 둘을 조심스럽게 분별해야 합니다.

진리를 위한 분노는 크리스천의 임무다 |

오늘날 교회는 어떻습니까? 혹시 빗나간 교회에서 잘못된 믿음을 가지고 교회 아닌 교회를 위해 분노하지는 않습니까? 막대한 돈과 막강한 권력을 자의적으로 행사하는 종교 지도자들에게 억압받는 성도들을 위해 하나님의 부르심을 받은 참 교회가 진정으로 분노하고 있습니까? 도리어 힘없는 사람을 비난하고 힘 있는 사람들을 옹호하지는 않습니까? 설사 권력자들에게 핍박 받는 사람을 위해 분노했더라도, 그것이 하나님에게서 비롯된 믿음이 아니라 단지 나의 입지를 바꾸고자 하는 동기에서 비롯된 나의 신념에 불과한 것은 아닙니까?

우리가 분노하고 있다면 먼저 세례 요한처럼 나 자신이 누구이고 예수님은 누구신지를 정확히 알아야 합니다. 그러려면 하나님의 말씀을 정확히 알아야 합니다. 그 말씀이 차곡차곡 쌓여서 하나님의 마음이 가득할 때 세상을 바라보아야 합니다. 하나님의 사랑이 빚어낸 긍휼로 사람들을 바라볼 때 비로소 그들이 핍박 받고 박해 받는 것에 진정으로 분노하게 됩니다. 이 진정한 분노, 의로운 분노, 거룩한 분노만이 세상을 하나님의 나라로 바꿀 수 있습니다.

이 땅의 그리스도인들이 세례 요한과 같이 거침이 없고 담대한 믿음을 갖기를 기도합니다.

10

분노를
합리화하지
마라

마르다의 분노

우선순위를 잘못 판단하면
분노가 일어난다

마르다와 마리아는 자매지간입니다. 마르다가 언니이고 마리아가 동생입니다. 언니인 마르다가 예수님 일행이 마을을 지나간다는 소식을 듣고 기쁨으로 집에 초청했습니다. 그런데 막상 초청하고 보니 할 일이 산더미입니다. 청소도 해야 하고 장도 봐야 하고 음식도 준비해야 합니다. 예수님은 항상 제자들과 다니시니 그 수만 13명인 데다 이웃에서 얼마나 많은 사람이 예수님을 만나러 올지 모릅니다. 그 많은 사람을 대접할 생각을 하니 마르다의 마음이 분주해졌습니다.

발바닥에 땀이 나도록 이리 뛰고 저리 뛰고 있는데, 어느 순간 보니 동생 마리아가 보이지 않는 겁니다. 그러고 보니 마리아가 어느새 예수님 발치에 앉아 있습니다. 순간 마르다는 화가 머리끝까지 치밀었습니다. 둘이 힘을 합쳐서 일해도 손님들을 치를 수 있을까 말까 한 상황인데 자신에게 모든 일을 맡겨 두고 태연히 예수님 앞에 앉아 있는 겁니다.

통상적으로 당시 유대 사회에서 랍비의 발 앞에 앉을 수 있는 사람은 서열 1위의 제자였습니다. 그러나 어떤 경우에도 그 발앞에 여자가 앉는 법은 없었습니다. 그런 관점에서 이 광경을 바라본다면 마리아는 보통 대담한 여자가 아닙니다.

예수님이 없었다면 아마 마르다는 마리아한테 한바탕 퍼부었을 것입니다. 마르다는 끓어오르는 화를 꾹 참고 예수님께 요청합니다. 마리아더러 음식 장만하는 언니를 도와주라고 말해달라는 겁니다. 이 상황은 지금 마르다가 예수님께 짜증을 내고 있는 것과 크게 다르지 않습니다. 아니면 마르다가 예수님께 명령을 하는 것과 같습니다. 어쨌거나 예수님을 초청할 때는 더 없이 기쁜 마음으로 했는데 상황과 분위기는 예상 밖입니다.

예수님은 일단 마르다의 청을 거절하십니다. 그리고 마르다가 이 상황을 바라보는 관점과는 전혀 다른 해석을 해 주십니다. 마리아는 자기가 좋은 일을 하고 있을 뿐이니 너도 괜히 분주해서 너 자신을 염려하게 하지 말고 그냥 좋은 것 한 가지만 하라고 말씀하십니다. 말씀의 내용만 놓고 보면 예수님이 마르다는 꾸짖고 마리아 편을 들고 있는 것처럼 보이지만, 예수님의 어조를 직접 듣는다면 그렇지 않다는 것을 알 수 있습니다. 예수님은 마르다를 꾸짖으신 게 아니라 마르다에게 일을 대하는 다른 관점을 제시해 주셨습니다. 마르다가 이 상황에서 분노하는 이유가 무엇인지 스스로 돌아보도록 하신 것입니다.

마르다야 마르다야 네가 많은 일로 염려하고 근심하나

눅 10:41

151

분노는 소용돌이치는 마음의 번잡함을 드러냅니다. 마음속에서 복잡하게 얽히는 여러 감정과 생각 때문에 마음의 안정을 잃고 화를 내게 됩니다. 사실 마르다가 처한 상황만 놓고 보면 마르다를 나무랄 수 없습니다. 손님을 초대한 사람이 손 놓고 있을 수 없으니 분주한 게 당연합니다.

하지만 예수님은 마리아의 선택도 옳다고 하십니다. 음식을 장만하는 것도 중요하지만, 예수님의 말씀을 듣는 것도 중요하다고 말씀하십니다. 더구나 마리아는 예수님 발치에 앉아 말씀을 들으면서 기쁨과 평안을 누리고 있습니다. 반면에 마르다는 분노하고 있습니다.

손님을 초청했으니 대접하는 것은 당연한 일이고, 그 때문에 분주한 것 또한 잘못이 없습니다. 그런데 평강의 왕 예수님이 곁에 계시는데 마음의 균형이 깨져서 화를 낸다는 것은 앞뒤가 맞지 않는 상황입니다. 또한 세상이 줄 수 없는 기쁨의 주인을 초청해 놓고 집 주인이 화가 나 있다는 것도 한참 일그러진 모습입니다.

마르다는 무엇보다 우선순위를 잘못 판단했습니다. 정말 중요한 예수님을 놓치고 내 앞에 닥친 일들에 몰두했기 때문에 기쁨이 깨지고 화평이 무너진 겁니다.

스페인의 화가 디에고 벨라스케스(Diego Velázquez)가 그린 '마

마르다와 마리아의
집에 있는 그리스도
(1618)

르다와 마리아의 집에 있는 그리스도'라는 그림을 보면, 마르다
가 매우 심술 궂은 여인으로 묘사되어 있습니다. 한쪽 구석에서
잔뜩 화가 난 표정으로 요리를 하고 있습니다. 그런데 벨라스케
스는 사실 틀에 박힌 예배라는 형식에 몰입해서 삶의 본질을 놓
치고 있는 교회를 고발하기 위해 이 그림을 그렸다고 합니다. 그
러니까 마르다의 성난 얼굴은 형식적인 예배에만 치중해서 행
함을 놓치고 있는 교회의 모습과 일치한다는 얘기입니다. 마치
"행함이 없으면 죽은 믿음이다. 우리 형 예수의 삶은 절대로 그
가 가르친 진리와 동떨어지지 않았다"고 목청을 높인 야고보의
지적을 보는 것 같습니다.

하지만 지금 마르다의 상황은 벨라스케스의 관점과는 무관
합니다. 우리의 열심이 결과적으로 화가 나는 이유가 되었다면
과연 그 열심은 무엇일까를 묻고 있는 것입니다.

마태복음 20장에는 포도원 비유가 나옵니다. 포도원 주인이 오전 일찍부터 일을 마칠 즈음까지 모두 다섯 차례에 걸쳐 일꾼을 데려와 일을 시켰습니다. 마침내 일을 마치고 주인이 일당을 지급하는데 맨 마지막에 데려온 사람에게 한 데나리온, 오늘날로 치면 10만 원가량을 주는 겁니다. 그러자 그들보다 일찍 온 일꾼들이 10만 원보다 더 많은 일당을 받을 것을 기대했습니다. 그러나 결과는 모두 똑같은 10만 원을 받았습니다.

> 나중 온 이 사람들은 한 시간밖에 일하지 아니하였거늘 그들을 종일 수고하며 더위를 견딘 우리와 같게 하였나이다
>
> 마 20:12

일꾼이 이런 불공평한 처사가 어딨냐며 따지고 들었습니다. 그러자 주인이 이렇게 대답합니다.

> 13 친구여 내가 네게 잘못한 것이 없노라 네가 나와 한 데나리온의 약속을 하지 아니하였느냐 14 네 것이나 가지고 가라 나중 온 이 사람에게 너와 같이 주는 것이 내 뜻이니라
>
> 마 20:13-14

분노를 합리화하지 마라 |

자기기준의 덫에 빠지면
분노가 일어난다

하나님 나라에서는 이렇듯 인간의 열심과 하나님의 기대가 같지 않을 수 있습니다. 그분은 은혜로 일하시는 분이기 때문입니다.

이와 비슷한 비유가 누가복음 15장의 탕자 비유입니다. 큰아들은 집에서 죽도록 일하며 아버지를 섬기는데 작은아들은 자기 몫의 재산을 분배 받아 흥청망청 탕진을 해 버렸습니다. 그러고는 다시 아버지 집으로 돌아왔는데, 뜻밖에도 아버지가 살진 송아지를 잡아 동네 사람들을 모아 놓고 잔치를 열어 주는 겁니다. 그러자 큰아들이 화가 나서 나한테는 염소 새끼 한 마리 잡아 준 적이 없지 않았느냐고 아버지한테 항변을 합니다.

이 비유들에서 공통점이 있습니다. 열심히 일한 사람들이 화를 낸다는 것입니다. 자기처럼 열심히 일하지 않는 사람에게 분노합니다. 자신의 기준으로 남을 평가하고 있습니다.

저도 그랬습니다. 직장생활 25년 동안 저는 제대로 된 휴가를 절반도 누리지 못했습니다. 나머지 휴가는 자진반납했습니다. 남들이 휴가 갔을 때도 저는 열심히 일했습니다. 문제는 휴가철이면 비위가 상합니다. 상사인 내가 휴가를 반납하는데 꼬박꼬박 휴가를 챙기는 부하 직원들이 얄밉고 보기 싫었습니다. 당시 저는 남보다 두세 시간 일찍 나와 남보다 두어 시간 늦게 퇴근하는 것이 정상이라고 생각했습니다. 그러니까 6시만 되면 칼퇴근하는 사람들은 월급이나 축내는 게으른 사람들쯤으로 여겼습니다. 제가 그들한테 월급 주는 사장도 아닌데 무엇 때문에 화를 낸 것입니까?

이렇듯 자기 기준이 분명한 사람은 그 기준이 도리어 덫이 될 수 있습니다. 내 기준에 어긋난 사람에 대해서는 점점 분노하는 버릇을 키워가기가 십상입니다.

마르다도 그런 사람이었습니다. 벨라스케스의 그림은 마르다 곁에 생선 몇 마리와 달걀, 마늘 몇 개를 그려 넣어 음식을 만들 재료조차 별것 아니어서 만든다고 해야 요리라고 할 것도 없었음을 풍자했습니다. 우리의 열심이라는 게 다 그렇다는 뜻입니다.

그렇다고 예수님이 마르다를 책망하신 것은 아닙니다. 손님 대접하는 일은 누군가는 해야만 합니다. 그런데 이 이야기를 다르게 구성해 보면 어떨까요? 예수님께 청하는 사람을 마르다가 아니라 마리아로 바꿔 보는 겁니다.

"주님, 마르다가 제발 일 좀 그만하고 여기 와서 예수님 말씀 좀 들으라고 해주세요. 왜 언니는 중요한 말씀은 안 듣고 저렇게 부엌에서 난리를 치는 걸까요?"

그랬다면 예수님이 뭐라고 말씀하셨을까요? 이때도 아마 "언니는 내버려 둬라. 자기가 해야 할 일을 하고 있는 것뿐이다"라고 말씀하시지 않았을까요? '예수님 말씀을 듣는 게 최선이다'는 생각도 외골수 신념이 된다면 열심히 일하는 것만을 지고의 덕목으로 고집하는 사람들의 주장과 다를 바가 없는 것입니다.

취향은 옳고 그름이 아니라 다름이다

사람마다 중요하게 생각하는 우선순위가 있습니다. 사람마다 은사가 다르고 재능이 다르고 관심사가 다릅니다. 각 사람은 자신에게 좋은 것을 선택할 권리가 있습니다. 저는 휴가까지 반납하고 일하는 걸 좋아했지만, 누군가는 휴가지에서 누리는 자유를 더 좋아할 수 있습니다. 어른들이 월급으로 자동차 사서 놀러 다니는 젊은이들을 보며 '저렇게 살면 언제 집을 사나, 자식들 교육은 어떻게 시키나' 걱정하는데 그럴 필요가 없습니다. 각자 자기가 좋은 일을 하면 됩니다.

취향은 옳고 그름의 문제가 아닙니다. 다를 뿐입니다. 다른 취향을 틀리다고 분노하는 것이야말로 편견이자 교만에 불과합니다.

예수님은 마르다의 열심이 가져온 분주함과 근심을 지적하고 계십니다. 사람은 멀티태스킹(multitasking)이 안 되는 존재라고 합니다. 우리는 한 번에 한 가지 일밖에 하지 못하는 사람들입니다. 여러 가지를 한꺼번에 감당하려고 하면 분주하고 근심하게 될 뿐입니다. 한꺼번에 여러 가지 일을 하는 사람이라도 순차적으로 한 가지 일에 집중할 따름입니다. 그래서 예수님이 "마리아는 가장 좋은 것을 택했다"고 말한 것입니다. 그리스도인은 당연히 예수님과의 관계를 우선순위에 두어야 합니다. 그런 습관이 내 눈에 거슬리기 때문에 틀렸다고 말하는 것은 신중해야 할 일입니다.

나중에 마리아는 비싼 향유 옥합을 깨뜨려 자신의 머리카락으로 예수님의 발을 닦아 드렸습니다. 마리아의 이 같은 행동은 당시 사회에선 터부시한 상식 밖의 행동입니다. 여자가 남자 앞에서 머리를 풀어선 안 되었기 때문입니다. 하지만 이때도 예수님은 마리아의 행동을 인정해 주셨습니다. 자기의 전부를 드리는 사랑의 표현이라고, 따라서 온 세대에 두고두고 회자될 것이라고 말씀하셨습니다.

만일 마르다가 오로지 기쁨으로 음식을 준비했다면 어땠을까요? 마리아에게 한 말씀을 똑같이 했을 것입니다. 찬양하며 기쁘게 준비한 이 음식의 향기가 온 세대에 두고두고 회자될 것이라고 말씀하셨을 것입니다.

현대인은 누구든지 분주하게 살아갑니다. 바쁘면 바쁠수록 능력 있는 사람이라고 생각합니다. 하지만 예수님의 생각은 달랐습니다. 관계를 해칠 만큼 많은 일을 하고 있다면 과연 그 일을 왜 하느냐고 묻고 계십니다. 많은 일을 하는 사람들은 화가 많습니다. 집에까지 일을 싸 들고 와서 바빠 죽겠는데 왜 귀찮게 하느냐고 가족한테 신경질 냅니다. 하지만 예수님은 우리에게 일하느라 아내와 소원해지고 자녀와 함께할 시간이 없다면 도대체 그 많은 일을 왜 하는 거냐고 물으십니다.

마르다가 자신이 할 수 있는 능력에서 벗어나지 않게 준비했다면 화내지 않았을 것입니다. 그랬다면 마리아를 혼내 달라고 예수님께 무례한 부탁을 하지도 않았을 것입니다.

솔직히 말하면, 저도 마리아처럼 빈둥거리는 사람이 싫습니다. 하지만 그건 저의 우선순위이고 기준일 뿐입니다. 저의 기준이 옳은 것은 아니므로 그것으로 남을 판단해선 안 됩니다. 그런데 지금 마르다는 자기는 옳고 마리아는 틀리다고 보고 있습니다. 이것이 교만입니다. 이런 사람들은 평생 우월감이나 열등감에 시달리게 됩니다.

나중에 이들의 오빠 나사로가 죽었을 때, 소식을 듣고도 며칠 뒤에 예수님이 나타나자, 마르다는 바깥까지 뛰어나온 데 반해 마리아는 방 안에서 나사로의 죽음을 묵상했습니다. 마리아는 이런 사람입니다. 부산하게 돌아다니는 스타일이 아닙니다.

에서는 하루 종일 사냥을 하러 다니지만 야곱은 집에 있으면서 어머니와 함께 시간을 보내거나 사색했습니다. 그런 야곱을 에서가 "사내아이가 어째서 짐승 한 마리 잡지 못하느냐?"고 지적할 수 없습니다. 에서는 집에서 조용히 팥죽만 끓인 야곱한테 결국 장자권을 팔아넘겨 버렸습니다.

언제 분노합니까? 왜 화가 납니까? 돌아보면 얼토당토않는 주장을 펴느라 화낼 때가 많지 않았습니까? 나는 옳고 너는 그르다는 자의식 때문에 화를 내지 않았습니까?

예전에 저는 저보다 한 살이라도 어린 사람이 다리를 꼬고 앉아 있으면 화를 냈습니다. 회의 시간에 턱을 괴고 있으면 불성실하다고 화를 냈습니다. 하지만 다리를 꼬고 앉고 턱을 괴는 게 습관인 사람이 있습니다. 그런 습관이 내 눈에 거슬리기 때문에 틀렸다고 말하는 것은 신중해야 할 일입니다.

예수님은 우리를 있는 그대로 존중해 주시는 분입니다. 우리가 얼마나 못났습니까? 연약하고 불순종하며 비겁하고 의롭지 못해도 예수님은 무한한 사랑으로 우리를 참으십니다. 예수님은 당신의 기준으로 우리를 판단하지 않으십니다. 우리 안에 있는 죄에 대해서는 분노하시지만, 우리의 연약함과 모자람 때문에 분노하지는 않으십니다. 안심하십시오. 주님 앞에서는 어

분노를 합리화하지 마라 │

떤 실수도 용납됩니다. 작심하고 누구를 핍박하거나 돈을 가로 채거나 괴롭히지 않는다면 주님은 일곱 번을 일흔 번씩이라도 용서하십니다.

어쩌면 마르다는 예수님이 마리아를 더 예뻐하시는 것 같아서 더 화가 났을지도 모릅니다. 예수님이 마르다를 아끼신다면 마리아더러 언니를 도와주라고 말했을 것인데 그렇지 않으신 것은 자신보다 마리아를 더 사랑해서 그렇다고 생각했을지도 모릅니다. 그래서 예수님 발치에 앉아 있는 마리아도 꼴 보기 싫었겠지만 그런 마리아를 예수님이 받아 주시는 것에 더 화가 났을 것입니다.

그러나 안심하십시오. 예수님은 여러분보다 저를 더 사랑하시지 않습니다. 예수님의 사랑은 차별이 없습니다. 무한한 사랑은 비교되지 않습니다. 예수님의 이 사랑을 알면 우리는 분노하지 않을 수 있습니다.

오늘날에도 이런 관점이 필요합니다. 어떤 사람이 기업의 사장에게 그 회사 직원에 대해 이렇게 보고했습니다. "사장님, 저 사람 일이 형편없습니다. 이 사람은 일 시키면 칼퇴근합니다." 그러나 그 사람이 여러 부서에 다니면서 화합을 일으킨다면, 일을 조금 못하더라도 "그 사람으로 인해 회사 분위기가 좋습니다"라고 말해 주어야 합니다.

자신의 관점으로 생각하고 분노하는 일을 합리화해서는 안 됩니다. 내가 혹시 우선순위를 놓친 채 일을 하는 것은 아닌가 하는 자기 성찰이 필요합니다. 예수님은 이 땅에서 일보다 항상 관계를 중요하게 생각하셨습니다. 우리는 마르다가 잘못했다고 말하는 것이 아닙니다. 다만 일을 너무 많이 만들어서 분주하지 말라는 것이고, 그 분주함 때문에 분노하지 말라는 것입니다.

언제 분노합니까? 왜 화가 납니까?
돌아보면 얼토당토않는 주장을 펴느라 화낼 때가 많지 않았습니까?
나는 옳고 너는 그르다는 자의식 때문에 화를 내지 않았습니까?

11

예수님의
분노는
사랑이다

예수님의 분노

사랑하니까
분노한다

하나님은 우리에게 하나님을 자각하는 능력을 주셨습니다. 우리 안에 영원을 그리워하고 사모하는 인자를 주셔서 하나님 나라에 거하는 비전을 주셨습니다. 그런데 우리가 우리 자신을 소중히 여기지 않을 때 하나님은 그냥 두고 보시지 않습니다. 우리가 하나님이 주신 비전과 다른 방향으로 달려갈 때 멈춰 세우기를 원하십니다. 하나님은 우리를 사랑하시되 끝까지 사랑하시므로 우리를 책임지기를 원하십니다. 하나님의 분노는 이 때문에 일어납니다.

하나님은 이스라엘이 하나님이 부르신 백성답게 살지 못하자 계속해서 그들이 돌이킬 것을 호소하셨습니다. 사사와 선지자를 통해 말씀하셨고 급기야 독생자 예수님까지 보내셔서 우리의 죄악된 길을 돌이키라고 말씀하셨습니다. 전쟁에 패하고 나라를 빼앗겨 포로로 끌려가는 치욕을 경험시키면서까지 끊임없이 그 길을 돌이키라고 말씀하셨습니다.

안식일에 손 마른 자를 고치는 것보다 안식일 규정을 지키는 것이 옳다고 여기는 바리새인들을 보고 예수님께서 분노하셨습니다. 예수님은 왜 분노하셨을까요?

안식은 '쉼'입니다. 기계는 쉼이 없어야 그 능력을 인정받습니다. 기계가 걸핏하면 고장이 나서 쉬게 되면 기계의 소임을 다 하지 못하는 것으로 간주돼 버려집니다. 그러나 인간은 기계와 다릅니다. 인간은 일하기 위해 태어난 존재가 아니라 하나님과 교제하기 위해 태어난 존재입니다. 안식일은 하나님이 우리와 교제하기 위해 우리에게 주신 쉼의 날입니다. 그러므로 '쉰다'는 것은 마냥 빈둥거리는 것이 아니라 하나님과 교제하는 것을 말합니다. 이를 위해 하나님은 우리를 흙으로 빚으신 뒤 영을 불어넣으셨습니다.

이스라엘 백성은 애굽에서 나와 광야 생활을 하면서도 안식일을 지켰습니다. 척박한 광야에서 하나님은 매일 만나를 내려 이스라엘 백성을 먹이셨습니다. 그러나 마지막 하루는 만나를 내리지 않고 안식일로 지키게 하셨습니다. 이 만나는 첫째, 먹고사는 것이 인간의 힘에 달려 있지 않다는 것을 가르쳐 주기 위해 하나님이 주신 양식입니다. 둘째, 만나가 내리지 않는 하루 동안 내가 존재하게 된 연원을 생각하게 함으로써 하나님을 기억하게 하셨습니다. 쉼이라고 해서 하루 종일 낮잠이나 자며 빈둥거리는 것이 아니었습니다.

이스라엘 백성은 광야 생활을 끝내고 가나안 땅에 들어온 뒤 안식일 규정을 세세하게 나누어 몇 백 개를 더 만들었습니다. 안식일을 더 잘 지키기 위한 노력이었겠지만, 시간이 지날수록

이 규정은 안식을 잃어버리는 율법이 되고 말았습니다. 몇 백 개나 되는 규정을 지키지 않으면 죄를 묻기 바빴고, 사람들은 이 규정을 지키기 바빠 본래 안식일의 의미를 잃어버렸습니다.

안식일은 내 힘으로 내가 돈 벌어서 먹고산다는 생각과 시간을 멈추기 위해 지키는 날입니다. 내 힘으로 사는 게 아니라 하나님의 은혜로 사는 것임을 다시금 되새기는 시간입니다. 하나님의 은혜를 마음에 새기므로 나 자신의 필요보다 이웃과 공동체의 필요에 관심을 기울이는 시간입니다.

예수님이 화를 내신 이유는 바리새인들이 안식일의 규정만 지키기 바빠 그 의미를 잃어버렸기 때문입니다. 자기들 뿐만 아니라 백성들도 잃어버리게 만들었기 때문입니다.

> 그들에게 이르시되 안식일에 선을 행하는 것과 악을 행하는 것, 생명을 구하는 것과 죽이는 것, 어느 것이 옳으냐 막 3:4

바리새인들이 안식일 규정을 들이대며 예수님을 함정에 빠뜨리려 하자, 예수님은 도리어 그들을 도발합니다. 손 마른 자를 일으켜 세우고는 이 사람의 병을 낫게 하는 것이 옳지 않느냐고 되묻습니다. 손을 펴지 못해서 제대로 된 일도 할 수 없던 사람에게 진정한 안식은 마른 손이 낫는 것 아니겠습니까? 손 마름으로 묶인 인생이 풀려나는 것이 이 사람에게 진정한 쉼이 아니겠습니까? 예수님은 지금 진정한 안식이 무엇이냐고 바리새인들에게 묻고 있는 것입니다.

> 4 그들이 잠잠하거늘 5 그들의 마음이 완악함을 탄식하사 노하심으로 그들을 둘러보시고 그 사람에게 이르시되 네 손을 내밀라 하시니 내밀매 그 손이 회복되었더라 막 3:4-5

예수님이 진정한 안식에 대해 질문하시자 바리새인들이 잠잠했습니다. 예수님의 지적에 동의할 수 없어서가 아니라 인정하고 싶지 않아서 입을 다물고 있는 것입니다. 그러면서 바리새인들은 예수님이 손 마른 자의 병을 낫게 하시자 헤롯당과 함께 예수님을 죽일 모의를 했습니다.

바리새인과 헤롯당은 원래 서로 얼굴도 보고 싶어 하지 않을 만큼 적대적인 관계였습니다. 그런 그들이 예수님을 죽이려는 음모로 손을 잡습니다. 그들은 무엇 때문에 분노합니까? 예수님이 안식일을 훼손했기 때문입니까? 아니면 예수님이라는 존재가 그들을 위협했기 때문입니까? 손 마른 자의 생명을 지키기 위해서입니까? 아니면 그들이 이룩한 거대한 종교 시스템을 지키기 위해서입니까?

바리새인들이 누구입니까? 바벨론 포로에서 예루살렘으로 귀환한 후 누구보다 하나님을 잘 믿기로 결심한 사람들입니다. 그런데 어쩌다 이들이 하나님이 명령하신 안식일을 훼손하는 사람이 된 겁니까? 너무 잘 믿겠다고 하다가 율법주의자가 되고 만 것입니다. 이들은 원래 누구보다 경건한 삶을 살기 위해 애쓴 사람들입니다. 하지만 그 열심이 결국 하나님보다 자기 의를 앞세우게 만들었습니다. 안식일에 손 마른 자를 고치는 것보다 안식일 규정을 지키는 것이 옳다고 여기는 어리석은 자가 되었습니다. 생명이 아니라 거대한 종교 시스템을 지키는 수호자가 되었습니다.

그래서 저는 너무 열심을 내는 사람들을 보면 의심스럽습니다. 그 열심으로 누군가를 비방하고 결국 다른 길로 가 버릴까 봐 걱정스럽습니다. 하나님을 위한 열심이라면 무슨 문제가 있겠습니까? 생명을 살리는 열심이라면 무슨 문제가 있겠습니까? 문제는 그 열심이 자기를 위한 열심으로 변질되는 것입니다.

바리새인들은 제자들이 밀밭 사이를 걷다가 배가 고파서 밀을 따서 비벼 먹은 것을 두고도 안식일을 범했다고 비방했습니다. 이때도 예수님은 바리새인을 꾸짖었습니다. 과거 다윗이 사울을 피해 성전으로 피신했다가 제사장만 먹을 수 있는 진설병을 먹은 것을 모르느냐면서 하나님의 명령이라도 글자 그대로 따르는 것보다 생명을 살리는 쪽을 택하는 것이 옳다고 역설하셨습니다.

형식적인 예배 행위에 대한
분노

예수님이 이 땅에 오셔서 분노를 보인 사람들이 있는데, 바로 종교생활을 너무 열심히 하는 사람들입니다. 예수님은 하나님을 모르거나 제대로 믿지 않는 사람에 대해선 분노하지 않으셨습니다. 예수님이 화를 낸 대상은 하나님을 너무 잘 믿어서 하나님을 모르는 사람들을 비방하는 사람들, 평생 하나님을 연구하고 공부해서 결국 거대한 종교 시스템의 일부가 되어 버린 사람들, 성전에서 드리는 제사를 이용해 자기 주머니를 불리는 사람들이었습니다.

예수님은 성전에서 상을 엎으며 크게 화를 낸 적이 있습니다. 너희가 만민이 기도하는 집을 강도의 소굴로 만들었다고 호통을 치셨습니다. 이때 예수님이 분노한 대상도 종교 지도자들인 제사장 그룹이었습니다.

유월절과 같은 명절이면 이스라엘 백성은 양이나 염소를 끌고 와 성전에서 도살했는데, 그 수가 220만 마리나 되었다고 합니다. 기드론 시내가 피로 물들 만큼 엄청난 양입니다. 이때

양이나 염소를 잡는 이유는 그들에게 내 죄를 전가함으로써 죄를 용서 받기 위해서입니다. 그런데 예수님 시대에는 성전에서 파는 양이나 염소로만 제사를 지냈습니다. 백성이 가져온 짐승은 흠 있다 하여 받아 주지 않았기 때문입니다. 이 과정에서 각종 청탁과 비리가 벌어졌습니다. 뿐만 아니라 환전상도 있어서 해외에서 제사 드리러 온 유대인들에게 성전세를 낼 수 있는 돈으로 바꿔 주었는데, 이 돈으로 이문을 남길 수 있었습니다. 그리고 이들 장사치나 환전상들은 제사장과 이권으로 연결되어 있었습니다.

예수님께서 성전이 강도의 소굴이 되었다고 지적하신 이유는 성전 전체가 비즈니스를 위한 장소처럼 바뀌었기 때문입니다.

11 여호와께서 말씀하시되 너희의 무수한 제물이 내게 무엇이 유익하뇨 나는 숫양의 번제와 살진 짐승의 기름에 배불렀고 나는 수송아지나 어린 양이나 숫염소의 피를 기뻐하지 아니하노라 12 너희가 내 앞에 보이러 오니 이것을 누가 너희에게 요구하였느냐 내 마당만 밟을 뿐이니라 13 헛된 제물을 다시 가져오지 말라 분향은 내가 가증히 여기는 바요 월삭과 안식일과 대회로 모이는 것도 그러하니 성회와 아울러 악을 행하는 것을 내가 견디지 못하겠노라 14 내 마음이 너

희의 월삭과 정한 절기를 싫어하나니 그것이 내게 무거운 짐이라 내가 지기에 곤비하였느니라 사 1:11-14

예수님만 분노한 것이 아닙니다. 하나님도 분노하셨습니다. 이사야서는 예수님 시대에서 700년 전에 쓰인 책입니다. 그때부터 하나님은 분노하셨고 오래 참으셨습니다. 예배드린다고 모여서 하는 너희의 모든 행위가 너무 역겹고 무거운 짐이어서 피곤하다고 하십니다.

15 너희가 손을 펼 때에 내가 내 눈을 너희에게서 가리고 너희가 많이 기도할지라도 내가 듣지 아니하리니 이는 너희의 손에 피가 가득함이라 16 너희는 스스로 씻으며 스스로 깨끗하게 하여 내 목전에서 너희 악한 행실을 버리며 행악을 그치고 17 선행을 배우며 정의를 구하며 학대 받는 자를 도와주며 고아를 위하여 신원하며 과부를 위하여 변호하라 하셨느니라 사 1:15-17

제발 예배는 그만 드리고 고아와 과부와 학대 받는 자들을 도와주라고 하십니다. 그들을 위해 정의의 편에 서고 더 적극적으로 변호해 주라 하십니다.

너희는 이것이 여호와의 성전이라, 여호와의 성전이라, 여호
와의 성전이라 하는 거짓말을 믿지 말라 렘 7:4

이스라엘에는 성전이 하나밖에 없었습니다. 하지만 그 성전
은 하나님의 성전이 아니라고 말씀하십니다.

5 너희가 만일 길과 행위를 참으로 바르게 하여 이웃들 사이
에 정의를 행하며 6 이방인과 고아와 과부를 압제하지 아니
하며 무죄한 자의 피를 이곳에서 흘리지 아니하며 다른 신
들 뒤를 따라 화를 자초하지 아니하면 7 내가 너희를 이곳에
살게 하리니 곧 너희 조상에게 영원무궁토록 준 땅에니라 8
보라 너희가 무익한 거짓말을 의존하는도다 9 너희가 도둑
질하며 살인하며 간음하며 거짓 맹세하며 바알에게 분향하
며 너희가 알지 못하는 다른 신들을 따르면서 10 내 이름으
로 일컬음을 받는 이 집에 들어와서 내 앞에 서서 말하기를
우리가 구원을 얻었나이다 하느냐 이는 이 모든 가증한 일
을 행하려 함이로다 11 내 이름으로 일컬음을 받는 이 집이
너희 눈에는 도둑의 소굴로 보이느냐 보라 나 곧 내가 그것
을 보았노라 여호와의 말씀이니라 렘 7:5-11

하나님도 성전을 도둑의 소굴이라고 말씀하십니다. 도둑질, 살인, 간음, 거짓 맹세, 우상숭배를 하면서 구원 받았다 말하고 그런 행악을 저지르기 위해 성전에 와서 예배를 드린다고 지적하십니다.

나는 인애를 원하고 제사를 원하지 아니하며 번제보다 하나님을 아는 것을 원하노라 호 6:6

서로 사랑하지도 않으면서 예배는 드려서 무엇 하느냐고 말씀하십니다. 형식적인 예배는 그만 드리고 제발 나를 좀 알라고 말씀하십니다.

21 내가 너희 절기들을 미워하여 멸시하며 너희 성회들을 기뻐하지 아니하나니 22 너희가 내게 번제나 소제를 드릴지라도 내가 받지 아니할 것이요 너희의 살진 희생의 화목제도 내가 돌아보지 아니하리라 23 네 노랫소리를 내 앞에서 그칠지어다 네 비파 소리도 내가 듣지 아니하리라 24 오직 정의를 물같이, 공의를 마르지 않는 강같이 흐르게 할지어다 암 5:21-24

정의로운 일에 눈감고, 공의와는 담을 쌓고 있으면서 제발 찬양 좀 그만 부르라 하십니다.

하나님은 이렇듯 오랫동안 분노하시고 오래 참으셨습니다. 여러 선지자를 통해 성전의 타락을 지적하셨습니다. 그리고 마침내 이 땅에 오셔서 상을 엎으시며 "강도의 소굴"이라고 직접 말씀하셨습니다.

> 13 사람들이 예수께서 만져 주심을 바라고 어린 아이들을 데리고 오매 제자들이 꾸짖거늘 14 예수께서 보시고 노하시어 이르시되 어린 아이들이 내게 오는 것을 용납하고 금하지 말라 하나님의 나라가 이런 자의 것이니라 막 10:13-14

제자들이 힘없는 어린 아이들을 함부로 대하는 것을 보고 예수님이 화를 내셨습니다. 예수님은 이 땅의 모든 약자에게 한없이 마음이 약해지셨던 분입니다. 우리가 성경을 왜 읽어야 합니까? 예수님의 이 긍휼의 마음을 알기 위해서입니다. 모든 약자에게 관심을 기울이시며 긍휼로 대하셨기 때문에 예수님은 친히 이 땅에 오셨습니다. 그리고 그들을 구원하기 위해 십자가에 달려 대속 제물이 되셨습니다.

이토록 긍휼이 많으신 예수님이 이 땅에 오셔서 가장 가증스럽게 여긴 것이 종교입니다. 몇 백 가지 규범을 만들어 사람들을 죄책감에서 벗어나지 못하게 옭아매고 뒤로는 악한 거래를 일삼는 종교 시스템에 분노하셨습니다. 이스라엘 백성들은 예수님이 로마에 맞서 싸워서 이스라엘에 독립을 가져다줄 것을 기대했으나 예수님은 로마 군인과 싸우시지 않았습니다. 예수님이 싸우신 세력은 영혼을 도둑질한 종교 지도자들이었습니다.

불의와 맞서
싸우심

오늘날 많은 그리스도인들이 주일에 예배드린 것으로 그리스도인의 의무와 책임을 다한 줄로 착각합니다. 그래서 주일 하루만 거룩하고 경건한 척하고 나머지 6일은 아무렇지도 않은 듯 살아갑니다. 부정과 비리에 연루되고도 죄책감을 느끼지 않습니다. 그런 사람들이 드리는 예배를 예수님은 역겹다 하십니다. 말로만 '하나님의 성전'이라 하고 비즈니스에 혈안이 된 교회를 예수님은 허물겠다고 하십니다. 그리고 자신이 직접 교회가 되겠다고 말씀하십니다.

예수님은 이 땅에 오셔서 약자에게 관심을 갖고 그들을 위해 눈물 흘리셨지만 한편으로 종교 시스템을 만들어 사람들을 옭아매는 모든 행악을 미워하시고 분노하셨습니다. 예수님이 우리를 사랑만 하다 가신 것이 아닙니다. 분노도 하셨고 미워도 하셨습니다. 얼마나 이 세상이 망가졌으면, 얼마나 이 세상이 부도덕해졌으면, 얼마나 이 세상이 불의해졌으면, 얼마나 이 세상이 폭력적이면 그분이 친히 오셔서 십자가를 지셨겠습니까?

> 31 그러므로 예수께서 자기를 믿은 유대인들에게 이르시되 너희가 내 말에 거하면 참으로 내 제자가 되고 32 진리를 알지니 진리가 너희를 자유롭게 하리라 요 8:31-32

돈 많고 힘 있는 사람 앞에서 왠지 주눅이 듭니까? 그들이 요구하는 각종 비리와 불의를 따르거나 묵인하고 있습니까? 그렇다면 아직 노예로 살고 있는 것입니다. 예수님은 노예의 삶을 사는 우리를 해방시키려고 오셨습니다. 돈이 있거나 없거나 힘이 있거나 없거나 오직 믿음으로 담대히 살아가는 자유를 주기 위해 예수님이 이 땅에 오셨습니다. 그 어떤 것으로도 자유할 수 없는 우리를 자유케 하기 위해서 예수님이 오셨습니다. 제사도 폐하고 죽음도 이기신 그분이 주신 자유는 어떤 것에도 매이지 않는 진정한 자유입니다. 돈이 없어도 출세를 못해도 건강하지 못해도 그리스도인은 주님이 주신 자유를 가지고 세상을 기쁘게 살아갈 수 있습니다. 구원 받은 자의 삶은 그래야 합니다. 세상 사람들이 그런 우리를 보고 신기하다고 여길 것입니다. 그분 안에서 진정한 자유를 누리시기 바랍니다.

하나님은 사랑이시다
하나님은 날마다 진노하신다

'하나님은 사랑이시다'는 말과 '하나님이 날마다 진노하신다'는 말은 동일하게 양립하는 말입니다. 하나님의 사랑은 분노가 없는 사랑이 아닙니다. 사랑은 본질적으로 분노와 에너지가 같습니다. 우리는 사랑하기 때문에 분노할 수 있다는 말을 이해해야 합니다. 이 말은 매우 성경적입니다. 왜냐하면 하나님의 분노의 속성은 죄인에 대한 분노가 아니라 죄에 대한 분노이기 때문입니다. 죄인은 무한히 용서하시지만 죄에 대해서는 날마다 분노하십니다.

사람은 이 두 가지를 혼동합니다. 그리고 죄에 대해서는 오히려 둔감합니다. 무엇보다 자기 자신의 죄를 알지 못하기 때문입니다. 자기 죄에는 시종 눈을 감고 있으면서 자기와 같은 죄를 짓고 있는 다른 죄인에게는 분노합니다. 우리가 죄에 분노하지 않고 죄를 짓는 사람에게만 분노하면 아무것도 달라지지 않을 것입니다. 사람이 바뀌든 제도가 바뀌든 정권이 바뀌든 아무 것도 달라지지 않습니다. 부모가 자녀를 훈육하기 위해 아무리 나무라도 부모가 자신의 죄를 해결하지 못하면 그 죄는 대물림되게 마련입니다.

예수님의 분노는 죄 없으신 분의 분노입니다. 그렇기 때문에 그분은 죄에 대해 분노하십니다. 죄인들의 분노는 다른 죄인들에 대한 분노이지만, 죄 없으신 그분의 분노는 오직 죄에 대한 분노이며 죄인에 대한 긍휼입니다. 죄인에 대한 사랑과 죄에 대한 분노는 항상 함께 있습니다. 그래서 그 죄를 해결하기 위해 죄인을 죽일 수 없는 일이기 때문에 예수님 자신이 죄인 되어서 죽으셨습니다. 주님께서 죄인의 자리에 서신 것입니다. 이는 사랑과 분노가 합쳐진 결과입니다.

우리는 그만한 분노가 없어서 십자가를 지려고 하지 않습니다. 사람의 분노는 에로스적인 사랑에서 비롯된 분노입니다. 반면 하나님의 분노는 아가페적인 사랑에서 비롯된 분노입니다. 에로스의 사랑에는 내가 가치 있다고 생각하는 것을 획득하려는 의지가 포함되어 있습니다. 그렇기 때문에 내가 손해를 보거나 내 것을 뺏기면 언제 어느 때건 분노하게 됩니다. 그런데 아가페 사랑은 가치 없는 것을 가치 있다고 인정하는 태도입니다. 아가페 사랑은 가치 없는 것을 가치 있게 만들고자 하는 하나님의 의지입니다. 아가페 사랑은 사랑하는 대상의 반응과는 상관없이 사랑하기로 결정하는 결단입니다. 그래서 예수님은 십자가에서 손과 발에 못을 박는 로마인들에게 "저들을 용서하십시오. 저들은 지금 무엇을 하는지 모릅니다"라고 말씀하셨고, 스데반 집사는 돌을 맞아 죽어 가면서도 "저들을 용서하십시오. 저들이 지금 무엇을 하는지 모릅니다"라고 기도했습니다.

이 시대에도 여전히 진정한 분노, 의로운 분노, 거룩한 분노가 필요합니다. 나의 감정적인 분노, 이기적인 분노, 경험적인 분노는 아무 것도 바꾸지 못합니다. 어떻게 해야 주님처럼 분노할 수 있을까요? 주님처럼 사랑하는 것 말고 다른 길은 없습니다. 주님이 우리를 사랑하시되 끝까지 사랑하시는 것처럼 사랑하면 죄인이 아니라 죄에 대해 진정으로 분노하게 될 것입니다. 인간의 죄악에 진정으로 분노하는 사람만이 주님을 진정으로 사랑하는 그리스도인이라 일컬어질 것입니다.

Q. 하나님이 가인의 제물을 받지 않으셨을 때 가인이 하나님께
섭섭하다고 말했다면 좋았을 것 같습니다.

정직하게 하나님께 분노를 표출했으면 살인을 저
지르지는 않았을 겁니다. 하지만 하나님과 바른 관계
에 있지 않다 보니 그렇게 할 수 없었겠죠. 그러니 아
버지나 어머니는 두렵고 가장 만만한 아벨한테 화풀이
를 한 것입니다. 비겁하죠. 하나님은 차라리 우리가 하
나님께 분노를 표출하고 따지는 것을 좋아하십니다.
선지서를 보면 하나님이 "나와 변론하자"고 먼저 토론
을 제안하셨습니다. 요나도 욥도 먼저 하나님께 따졌
기 때문에 가인과 같은 죄를 짓지 않을 수 있었습니다.

Q. 동일한 사건을 겪어도 어떤 사람은 분노하고 어떤 사람은
분노하지 않습니다. 왜 그럴까요?

분노는 외부의 요인이라기보다 내 안의 문제라고
할 수 있습니다. 따라서 내가 바뀌지 않으면 이 분노
는 해결이 안 됩니다. 그런데 분노가 걸려 넘어지는 지
점이 자존심입니다. 자존심이 상해서 분노하는 것입니
다. 누군가를 사랑할 수 없는 것도 자존심이 무너지지
않아서입니다. 분노를 다스리기 위해서든 누구를 사랑
하기 위해서든 자존심이 무너져야 합니다.

자존심은 어떻게 무너질 수 있을까요? 예수님이
나 때문에 십자가를 지고 죽었다는 사실이 믿어질 때
자존심이 무너집니다. 예수님의 목숨 값으로 살게 되
었다는 사실이 믿어지면 어떤 시험에도 넘어지지 않습
니다.

십자가를 깊이 묵상하십시오. 그러면 이 사실이
믿어지고 자존심도 무너지게 됩니다. 상상하는 것도
도움이 됩니다. 십자가에 두 팔 벌리고 죽어 있는 나의
모습을 상상해 보는 겁니다. 내가 죽어야 할 그 자리에
서 예수님이 대신 죽으셨습니다. 그 사랑을 알면 자존

심이 산산조각 나고 분노가 씻겨 나가게 됩니다.

　더 소중한 걸 붙들어야 덜 소중한 것을 내려놓을
수 있습니다. 나를 붙들고 있으면 절대 하나님을 만날
수 없습니다. 반대로 하나님을 붙들면 나를 놓게 되어
있습니다. 그게 구원입니다. 나를 붙든 채로 하나님을
좇는 건 신앙이 아닙니다. 세상 사람들도 그렇게 살아
갑니다.

Q. 내 안의 쓴 뿌리가 육아 중에 분노로 불쑥불쑥 나올 때가 있습니다. 어떻게 해야 이 쓴 뿌리를 끊을 수 있을까요?

끊어 버리면 되는데 그렇지 못하는 것은 믿음이 부족하기 때문입니다. 주님이 허락하신 모든 상황에 선이 있다고 믿으면, 나한테 힘든 상황을 허락하신 것도 선이라고 믿게 됩니다. 이게 믿음입니다. "왜 이런 배우자를 허락하신 겁니까" "왜 이런 아이를 나한테 주십니까" 하지 말고 어떤 상황이든 하나님의 선이 있음을 믿으시기 바랍니다.

어떤 교회 목사님이 "주님 제가 사랑이 부족합니다. 사랑을 좀 알게 해 주십시오. 성도를 사랑해야 목회할 거 아닙니까?" 하고 기도했더니 다운증후군 아이가 태어났다고 합니다. 그리고 그 아이를 키우면서 이 목사님이 정말 사랑을 알게 되었다고 합니다. 사랑할 줄 알게 되었다고 합니다. 그 목사님은 지금 목회를 아주 잘하고 있습니다.

비록 내가 원하는 상황이 아닐지라도, 내 뜻과 다른 기도 응답을 받았을지라도, 거기에 하나님의 선이 있음을 믿는 것이 믿음입니다.

무슬림들은 라마단 기간이 끝나면 그동안 힘들게 했던 사람을 찾아가 용서를 구하는 전통이 있습니다. 서로 안아 주면서 그동안 미워해서 미안하다, 용서해 달라고 하는 것입니다. 우리도 이런 것이 필요하다고 생각합니다. 한 번 안아 주고 미안하다고 얘기한다고 해서 해묵은 감정이 해결되지는 않을 것입니다. 하지만 자꾸 입 밖으로 쓴 뿌리를 끄집어내는 것이 중요합니다. 그래야 회복의 길로 갈 수 있습니다. 입 꾹 다물고 절대 발설하지 않으면 쓴 뿌리는 더 곪을 뿐입니다.

그리스도인들은 대체로 말을 하지 않습니다. 속으로 끙끙 앓기만 합니다. 이것은 갈등을 다루는 방법이 아닙니다. 솔직하게 내 감정을 드러내되 회복을 목표로 해야 합니다. 싸우기 위해서가 아니라 회복하기 위해서 그래야 합니다.

자기감정에 솔직해야 신앙생활도 건강하게 할 수 있습니다. 아닌 척하고 감추기만 하면 외식하는 자가 되어 교활해질 뿐입니다. 분노를 컨트롤하는 능력도 자기감정에 솔직할 때 가능합니다.

Q. 저의 결혼 문제로 아버지와 자꾸 부딪치게 됩니다. 아버지와
잘 지내고 싶은데 어떻게 해야 할까요?

간단합니다. 아버지가 화를 내면 와락 끌어안고
"사랑한다"고 말하면 됩니다. 질문자의 아버지는 사랑
받고 자라지 못했을 가능성이 매우 높습니다. 한국전
쟁 중에 태어났거나 자라서 절대적인 가난을 경험하
다 보니 정서적으로도 가난한 세대입니다. 관계 맺기
에 서툰 세대입니다. 경험한 적이 없기 때문에 그렇습
니다. 그래서 비록 어른이지만 자식이 먼저 껴안아 줘
야 합니다. 아버지에겐 자녀를 먼저 끌어안고 솔직한
감정을 드러내는 능력이 부족하니까요. 더구나 질문자
는 그리스도인이잖아요. 예수님을 먼저 만난 사람은
그 안에 하나님의 사랑이 차고 넘치기 때문에 그 사랑
으로 먼저 용납하고 안아 주고 위로해야 합니다. 아버
지는 자식의 '사랑한다'는 한마디로도 울컥해서 눈물
을 쏟습니다. 그 한마디로 깊은 위로를 받습니다. 그냥
무식하게 사랑하십시오. 아버지와 논쟁하지 마십시오.
어느 아들이 아버지학교에서 내 준 숙제를 하기
위해 아버지를 안아 주며 "사랑합니다" 했더니 아버지

가 끄억끄억 울더랍니다. 또 어떤 아버지는 아들이 어렸을 때 너무 많이 자주 매를 들었는데 어느 날 예수를 믿고 나서 아들을 때리다가 회개가 되어 무릎을 꿇고 울면서 아들에게 "미안하다"고 했습니다. 그때까지 아버지에 대한 분노로 들끓던 아들이 너무 충격을 받았습니다. '우리 아버지도 울 수 있구나'라는 사실 때문입니다. 그리고 그날 아버지와 아들이 화해하게 되었다고 합니다. 하나님의 사랑을 받은 사람은 사랑할 줄 아는 사람이 되었기 때문에 먼저 끌어안게 됩니다. 먼저 화해하고 먼저 용서를 빌게 됩니다.

아버지 세대는 웬만해선 참고 견디고 사느라 어느 순간부터 감정을 꺼 버리고 살게 되었습니다. 그런 아버지를 자식이 끌어안으며 "사랑한다"고 말하면 꺼져 버린 감정이 다시 살아나게 될 것입니다.

일본에서도 선교사들이 "하나님이 당신을 사랑합니다"라고 말하면 그 자리에서 울음을 터뜨리는 사람들이 있다고 합니다. 하나님이 누구인지는 모르겠지만 '사랑한다'는 그 말 한마디에 마음이 녹아 버리는 겁니다. 십자가를 볼 때 예수님의 "사랑한다"는 말을 들을 수 있어야 합니다. 이것이 들리는 것이 구원입니다. 십자가가 사랑임을 믿게 되는 것이 구원입니다.

> 하나님이 세상을 이처럼 사랑하사 독생자를 주
> 셨으니 이는 그를 믿는 자마다 멸망하지 않고 영
> 생을 얻게 하려 하심이라 요 3:16

이 말씀이 믿어질 때 우리 안에서 새로운 생명이
시작됩니다. 전혀 다른 인종으로 태어나게 됩니다. 더
이상 분노에 사로잡힌 인생이 아니라 사랑에 사로잡힌
인생이 되는 겁니다. 그래서 미워하고 싶어도 더 이상
미워할 수 없게 됩니다. 먼저 사랑하므로 끌어안고 화
해할 수 있게 됩니다.

Q. 요즘 뉴스를 통해 사건 사고를 접하다 보면 사람들이 모두 화가 난 것 같습니다. 그래서 사람들을 대하는 것이 점점 두렵습니다. 분노한 가나안 신자는 피해야 합니까, 아니면 기도하며 끝까지 전도해야 합니까?

정말 사랑하면 포기하지 못합니다. 자녀가 아무리 말썽을 피워도 부모는 절대 포기할 수 없잖아요. 교회는 사랑의 공동체입니다. 믿으라고 강요하는 공동체가 아닙니다. 예수님은 사랑하러 오셨습니다. 사랑하지 않으면서 전도하려니까 사람이 두려운 겁니다. 사람이 사랑스러우면 아무 이유 없이 그 사람한테 끌리게 되어 있습니다. 그러므로 먼저 사랑하기를 힘쓰십시오.

자녀도 사랑할 대상이지 전도할 대상이 아닙니다. 부모가 오로지 사랑으로 보살피고 대하면 굳이 교회 오라고 말하지 않아도 스스로 찾아 오게 됩니다. 굳이 말씀을 가르치지 않아도 스스로 말씀을 찾아 공부하게 됩니다. 오늘날 주일학교가 사라진 교회가 아주 많습니다. 충분히 사랑해 주지 않으면서 주일 성수해라, 헌금해라 강요만 하니까 자녀들이 교회를 떠나는 겁니다. 부모가 집착하며 체면으로 사랑하는지 희생으로 사랑하는지 자녀는 누구보다 잘 압니다.

전주 콩나물해장국집의 할머니는 누구한테든 욕을 합니다. 그런데 사람들이 욕을 들으면서도 콩나물해장국을 먹으러 갑니다. 왜 그럴까요? 할머니가 욕으로 사랑을 표현한다는 걸 알기 때문입니다. 이처럼 표현은 거칠어도 사랑이 있는 사람이 있고, 말이나 표정이 부드러워도 교활한 사람이 있습니다.

겉으로만 경건하고 그 속에 사랑이 없는 교활한 사람들 때문에 오늘날 기독교가 욕을 먹습니다. 그리스도인은 작은 그리스도입니다. 예수님의 사랑을 품은 사람은 예수님처럼 살 수밖에 없습니다. 가짜 그리스도인 때문에 욕먹는 것에 대해 걱정하지 말고 사랑을 베풀고 나누고 품으시기 바랍니다. 교회에 헌금하는 사람이 진짜 그리스도인이 아니라 이웃에게 사랑으로 나누는 사람이 진짜 그리스도인입니다.

Q. 요셉같이 분노를 참고 살기는 쉽지 않을 것 같습니다. 요셉도 아들에게 므낫세(잊혀짐)라는 이름을 붙인 것을 보면 외롭고 힘들었던 게 아닐까요?

성경 어디에도 요셉이 분노했다는 표현은 없습니다. 그런데 그런 표현이 없다고 해서 요셉이 분노하지 않았다고 볼 수는 없습니다. 예수님도 성전을 엎을 만큼 분노하셨는데 요셉이 어떻게 화가 없었겠습니까? 용서했다고 해서 상처 받은 기억이 사라지는 건 아니잖아요. 하지만 요셉은 화가 날 수밖에 없는 상황에서 분노에 사로잡히지 않기 위해 다른 데 몰두하고 전념했습니다. 화가 나고 속상한 것을 잊으려고 하면 할수록 그 일에 더 묶이게 됩니다. 요셉처럼 그 일과 상관없는 일에 몰두하고 도전해야 자유해질 수 있습니다.

여러분이 하나님께 분노를 쏟아 놓기를 축복합니다. 분노는 어떻게든 처리해야 쓴 뿌리가 되지 않는데, 하나님이 아닌 사람한테 처리하면 일이 더 복잡하고 더 큰 분노를 가져올 뿐입니다. 그러므로 하나님께 다 쏟아놓아서 분노를 처리하기 바랍니다. 다윗도 시편에서 하나님께 기도하며 분노 유발자에게 저주를 퍼부었습니다. 다윗의 신앙이 끝까지 건강할 수 있었던 비결이 여기에 있습니다.

분노를 가장 쉽게 해결하는 방법은 하나님께 있는 그대로, 느끼는 그대로 말하는 것입니다. "저 인간 이빨을 부러뜨리든지 다리를 부러뜨리든지 죽이든지 해 주십시오. 그런 악한 인간한테 벌주는 게 정의로운 것 아닙니까?" 하고 기도하는 겁니다. 이렇게 기도한다고 해서 하나님이 버릇없다고 하시겠습니까? 오히려 거룩한 척하며 기도하는 것이 하나님 보시기에 우스운 겁니다. 마치 초등학생이 "아버지, 형편이 되시면 우리 집을 돌봐 주십시오"라고 기도하는 것과 같은 겁니다.

분노는 반드시 처리해야 합니다. 그리고 그 방법은 하나님 앞에서 발가벗은 채로 씨름하는 것입니다. 그런 시간이 반드시 필요합니다.

Q. 14년간 다닌 직장을 그만두고 싶습니다. 상사의 분노와 이간과 독단으로 지난주에도 두 명이 사표를 냈고, 저를 포함한 세 명도 사표를 쓸까 고민 중에 있습니다. 더 이상 참고 견딜 수 없을 것 같은데 계속 기도하며 버텨야 할까요, 아니면 사표를 내고 다른 직장을 알아봐야 할까요?

정말 현실적인 고민이네요. 저라면 질문자만큼도 참지 못했을 것입니다. 수고 많으셨습니다. 그런데 죽을힘을 다해 두어 달 기도하면, 하나님이 내 마음을 바꾸시든지, 그 상사의 마음을 바꾸시든지 할 것입니다. 이번에 그런 경험을 하길 축복합니다.

기도는 씨름입니다. 샅바 잡고 용을 쓰는 씨름과 같습니다. 야곱도 얍복강 나루터에서 환도뼈를 다치면서까지 하나님과 씨름했습니다. 기도는 생명을 걸고 해야 합니다. 그래야 하나님이 움직이십니다. 교양 있는 척, 거룩한 척, 온갖 미사여구로 꾸민 기도는 하나 마나 한 기도입니다.

어느 회사의 CEO가 40일간 한 끼씩 금식하며 기도해서 노사 문제를 해결했다고 합니다. 노조와 대립각을 세우고 있었는데 금식기도한 지 39일째 되는 날 그 회사 오너가 사과하고 노조위원장이 그것을 받아들이면서 아무 문제 없이 노사화해가 이뤄졌다는 겁니다. 이처럼 하나님 앞에 문제를 가지고 나가서 씨름할 때 내 분노만 해결되는 것이 아니라 상대방의 분노도 해결됩니다.

한편, 누군가를 두려워하면 관계가 어려워집니다. 두려운 사람을 좋아할 순 없으니까요. 두려운 그 사람이 편안해지려면 기도하면서 평안이 내 안에 깃들어야 합니다. 내 안의 평안이 두려움을 몰아낼 것이기 때문입니다. 그러면 관계가 좀 더 수월해집니다.

신앙은 관점을 바꾸는 일입니다. 나를 괴롭히는 저 상사는 원수가 아니라 은인이라고 관점을 바꾸는 것입니다. 그는 나를 깨어 있게 하고 기도하게 하고 겸손하게 하기 때문에 내 생명의 은인인 것입니다. 처음부터 관점이 바뀌지는 않습니다. 하지만 자꾸 시도하면 어느 순간 자연스럽게 상사가 원수가 아니라 은인으로 생각될 것입니다.

Q. 성경은 우리가 화평케 하는 사람이라고 말씀하고 있습니다.
거룩한 분노, 의로운 분노는 필요하다고 했는데, 혹시 이 분노가
화평을 깨뜨리지는 않을까요?

예수님이 자기 목숨을 번제물로 올려 드렸을 때
그분은 실로 이 땅의 화평이 되셨습니다. 우리 역시 죄
악된 세상 가운데 살아가면서 그 죗값을 지불할 때 화
평케 하는 사람이 될 수 있습니다. 화평은 적당히 타협
하고 적당히 양보하고 좋은 게 좋다고 여기는 게 아닙
니다.

의로운 분노는 사람이 아니라 죄를 미워하고, 그
죄를 심는 사탄을 미워하는 것입니다. 그리스도인은
이 분노로 인해 기꺼이 목숨을 내놓는 소명을 받은 사
람들입니다. 죽어야 사는 존재인 것입니다. 그런 소명
의 사람들이 자꾸 살려고 하니까 타협하게 되고 의심
하게 되는 겁니다.

그리스도인은 생애 마지막까지 거룩한 분노가 불
타올라야 합니다. 저는 그렇게 믿습니다. 사도 바울도
땅끝까지 복음을 전하고자 하는 열정으로 불타올랐습
니다. 이 열정에는 사랑과 분노가 결합되어 있었지요.

핍박을 받든 감옥을 가든 죽을 고비를 넘기든 그의 열정은 변하지 않았습니다.

간디는 비록 그리스도인이 아니었지만 인도 독립을 위한 의로운 분노가 생애 마지막까지 불타올랐던 사람입니다. 그가 단숨에 분노를 터뜨렸다면 인도의 독립은 쉽지 않았을 겁니다. 변함없는 열정으로 분노를 다스렸기에 인도에 독립을 가져올 수 있었습니다.

윌리엄 윌버포스(William Wilberforce)는 그리스도인으로서 노예무역제도에 분노한 사람입니다. 의로운 분노였습니다. 무려 50년간이나 꾸준히 노예무역제도 폐지를 위해 열정을 쏟았습니다. 단숨에 폭발하지 않고 일정 수준을 유지하며 꾸준히 의로운 분을 냈던 겁니다. 마침내 그는 노예무역제도 폐지를 성공시킵니다.

마틴 루터 킹 목사는 또 어떻습니까? 인종 차별에 맞선 의로운 분노를 폭력적으로 폭발했다면 흑인들을 그렇게 대규모로 규합하지 못했을 것입니다. 비폭력으로 의로운 분노를 쏟아 냈기에 많은 흑인들이 참여할 수 있었고, 마침내 미국 사회에서 비정상적으로 행해지던 인종 차별을 몰아낼 수 있었습니다. 마틴 루터 킹 목사의 분노는 타협할 줄 모르는 분노였습니다. 그랬기에 그는 결국 암살당하는 비극을 맞게 됩니다.

분노 사회가 되어 버린 오늘날 우리는 그리스도인으로서 어떻게 살아야 할까요? 의로운 분노로 불타오르는 열정의 사람으로 살아야 합니다. 나를 죽임으로 이 세상에 화평을 가져오는 사람으로 살아야 합니다.

Q 바른말을 해야 하는 장로들이 평화라는 명분으로 침묵하는
것을 자주 봅니다. 그런 교회를 떠나야 할까요, 아니면 개혁을
위해 분노해야 할까요?

마땅히 분노할 일이라면 분노하는 것이 맞다고
생각합니다. 그리스도인은 노(No)라고 해야 할 때 노
(No)라고 말할 수 있어야 합니다. 하나님의 뜻과 어긋
나는 행위에 대해 침묵할 수는 없죠. 그러나 지적하고
항의했으나 여전히 태도를 바꾸지 않는다면 교회를 떠
나는 수밖에요.

Q. 아동 성폭행 사건과 같이 죄 없는 사람들이 고통 받는 사건을 접할 때면, 더구나 그 가해자가 솜방망이 처벌을 받는 것을 보면 분노가 치밀어 오릅니다. 그런데 시간이 지나면 금세 그 사건도 그로 인한 분노도 잊어버립니다. 그런 저 자신이 간사하게 느껴져서 실망스럽습니다. 분노하는 것만으로도 변화를 가져올 수 있을까요? 분노를 지속시키려면 어떻게 해야 할까요?

─────────────

이 질문 안에 모든 그리스도인들의 고민이 다 녹아 있습니다.

긍휼함이 분노보다 먼저입니다. 만일 울고 있는 피해자가 있다면 가해자와 싸우는 것보다 피해자를 보듬어 주는 게 먼저입니다. 많은 탈북자들이 교회에 와서 상처를 받았다는 말을 합니다. 교회는 북한 정권에 대한 분노보다 먼저 피해자인 탈북자들을 긍휼함으로 끌어안아야 합니다. 탈북자들이 교회에서조차 상처 받고 있다면 일반 사회에선 얼마나 냉대와 멸시를 받겠습니까? 하나님이 탈북자 몇 만도 품지 못하는 우리에게 어떻게 북한 백성 모두를 맡길 수 있겠습니까? 분노보다 사랑이 먼저입니다.

지속적인 사랑과 지속적인 분노는 그분 안에서만 가능합니다. 사람마다 분노의 지점이 다를 수 있습니다. 어떤 사람은 교회학교 아이들을 보면서 어떻게 교회가 이 아이들을 위해 아무것도 하지 않느냐고 분노합니다. 거기가 바로 하나님이 부르신 자리입니다. 하나님은 분노를 통해 우리를 부르십니다. 분노가 사그라지지 않고 계속해서 지속된다면 거기가 하나님이 부르신 자리임을 알고 감당하면 됩니다.

Q. 인간관계에서 겉으로는 손해 보고 맞춰 주고 공감해 주며 웃을 수 있는데 속으로는 그 사람을 정죄하고 미운 마음이 들 때가 많습니다. 겉과 속이 다른 위선으로 가득 찬 저를 마주하니 너무 괴롭습니다. 겉으로든 속으로든 상대방을 사랑으로 섬기게 해달라고 기도하는데 쉽지 않습니다. 화가 날 때 어떻게 피해야 할까요?

어떤 사람은 여러 가지 상황으로 화가 나면 화장실에 들어가 울기도 하고 소리도 지르고 기도도 하고 그런답니다. 저는 분노는 어떤 식으로든 발산하는 것이 건강하다고 생각합니다. 다만 사람한테 발산하면 곤란합니다. 한 대 쥐어박으면 두 대 쥐어박히는 악순환에 빠져들기 쉽기 때문입니다. 화가 나면 화가 나게 만든 그 사람을 보지 말고 잠시 상황에서 벗어날 필요가 있습니다. 특히 부부간이나 가족 간에 화를 참기가 어려운데, 그럴수록 더 조심하고 배려해야 합니다.

예수님이 베드로를 향해 "사탄아 물러가라"고 말씀하신 적이 있습니다. 예수님이 십자가의 길을 걷겠다고 하자 베드로가 그러지 말라고 강력하게 만류했을 때입니다. 그런데 이 말씀을 하실 때 예수님은 베드로의 얼굴을 뚫어지게 바라보면서 말씀하시지 않았을 것 같습니다. 약간 몸을 돌려 베드로가 아니라 사탄을 향해 말씀하신다는 걸 보여 주셨을 것 같습니다. 예수님은 사람이 아니라 그 사람 뒤에 숨은 사탄에게 분노하셨습니다.

Q. 매사에 불평하는 사람 곁에 있으면 분노가 전염되는 것 같습니다. 상대에게서 영향을 받아 전염되는 분노는 어떻게 조절해야 할까요?

그리스도인들에게 아침 시간이 매우 중요하다고 생각합니다. 출애굽한 이스라엘 백성이 광야에서 새벽마다 만나를 거둔 것처럼 우리도 아침에 일어나면 먼저 하나님이 주시는 말씀을 받아야 합니다. 그 말씀이 우리가 하루를 살아가는 원동력이 되어야 합니다. 목적지까지 가려면 차에 기름을 채워야 하듯이 아침마다 말씀을 묵상함으로 하루치의 에너지를 공급 받아야 합니다. 예수님도 새벽 미명에 한적한 곳을 찾아 기도하셨습니다. 하나님을 만나는 시간을 가지신 것입니다.

아침에 눈을 뜨면 가장 먼저 하루분의 양식을 준비해야 합니다. 말씀을 묵상하라는 말입니다. 하루분의 기름을 채우고 세상 가운데로 나가야 무사히 살아 돌아올 수 있습니다. 입만 열면 불평하는 사람을 만나면 주유 눈금이 확 떨어집니다. 거기다 아무한테나 분노를 쏟아 버리는 사람을 만나면 기름이 바닥나 버립니다. 나도 모르게 분노가 들끓게 됩니다. 이때 여분의 기름을 부어 견디면 이기는 것이고 그렇지 않으면 지는 겁니다. 하나님은 하루분의 양식을 주실 때 이것까지 고려해서 주십니다. 우리에겐 여분의 기름이 언제나 있으므로 패잔병이 되어 돌아올 일이 없습니다. 하지만 매일 주시는 만나를 준비하지 않으면 그대로 쓰러지고 맙니다.

Q. 그리스도인은 화를 내도 배려하며 화를 내야 하나요? 받아들이는 사람의 입장을 고려해서 화가 나도 조근조근 말해야 하나요? 어떻게 화를 내야 하는 건가요?

　　사랑하기 때문에 화를 냅니다. 부모가 자녀를 훈육하는 것은 사랑하기 때문에 바른 길로 인도하고 싶어서 야단을 치고 벌을 세우는 겁니다. 그러므로 화를 내는 전제는 사랑입니다. 이 전제 위에 내가 화났다는 걸 알리는 게 중요합니다. 우리가 'No'라고 말해야 하는 것은 그것이 상대에 대한 배려가 될 수 있기 때문입니다.

　　그리스도인 중에 착한 사람 콤플렉스에 걸린 사람들이 많습니다. 사람들한테 칭찬 듣기 위해 착한 척하고 화 안 내고 배려하는 척합니다. 그런데 하나님 앞에서 이런 사람은 아무 때나 화를 폭발시키는 사람과 다를 바가 없습니다. 전자는 자기 감정을 교묘하게 감춰서 사람들을 조종하려는 것이고, 후자는 직접적인 혹은 폭력적인 방법으로 사람들을 조종하려는 것입니다. 사람을 자기 뜻대로 조종하려 한다는 점에서 이 두 상황이 같습니다. 하나님은 오히려 전자를 더 싫어하십니다.

예수님은 백성의 주머니를 훔치는 세리나 간음하다 현장에서 붙잡힌 여인에게는 화를 내시지 않았습니다. 그러나 착한 척하고 거룩한 척하면서 사람들을 조종하고 싶어 한 바리새인과 종교 지도자들에겐 저주까지 하면서 화를 내셨습니다.

예수님이 오늘 오신다면 어쩌면 교회 다니는 사람들을 더 힐난하실지도 모릅니다. 그 안에 사랑이 없으면서 입으로는 사랑을 남발하고 그것으로 사람들을 가르치려 드는 가짜 그리스도인이 얼마나 많습니까? 하나님이 보시기에 우리 중 어느 누구도 착하지 않습니다. 하나님의 은혜로 그분의 사랑을 받는 것이지 우리가 사랑 받을 만해서 사랑 받는 것이 아닙니다. 그러므로 착한 척하지 마십시오.

예수님은 가슴을 치면서 "저는 죄인입니다. 불쌍히 여겨 주십시오"라고 한 세리의 기도를 가장 훌륭한 기도라고 하셨습니다. 남한테 칭찬 듣기 위한 바리새인의 유창한 기도에는 귀를 막으셨습니다. '내가 죄인'이라는 사실을 인정하는 사람을 하나님은 의인이라고 불러 주십니다.

미국 대학 입학생의 80%가 교회를 떠난다고 합

니다. 교회 안에 바리새인처럼 종교인이 된 사람이 너무 많기 때문입니다. 종교인은 자기만 의로워서 나름의 도덕적 기준을 가지고 사람들을 판단하고 사람들로 하여금 끊임없이 죄책감을 갖도록 만듭니다. 젊은이들이 이런 종교인의 가증스러움을 모를 리 있겠습니까? 아무도 속지 않습니다. 그들이 교회를 떠나는 이유는 이것 때문입니다.

착한 사람 콤플렉스로 사람들을 대하지 마십시오. 겉으로 착한 척하는 것에 속을 사람은 아무도 없습니다. 차라리 진심을 말하는 게 낫습니다.